U0871016

中国思想史

[日] 武内义雄 著
汪馥泉 译 夏川 校

长江出版传媒 | 崇文书局

图书在版编目（CIP）数据

中国思想史 /（日）武内义雄著；汪馥泉译. -- 武汉：崇文书局，2023.3（2023.9 重印）
（武内义雄文集）
ISBN 978-7-5403-7061-9

Ⅰ. ①中… Ⅱ. ①武… ②汪… Ⅲ. ①思想史—研究—中国 Ⅳ. ①B2

中国版本图书馆 CIP 数据核字（2022）第 244723 号

中国思想史
ZHONGGUO SIXIANGSHI

出 版 人　韩　敏
策划编辑　鲁兴刚
责任编辑　鲁兴刚　李艳丽
责任校对　董　颖
装帧设计　彭振威设计事务所
责任印制　李佳超
出版发行　长江出版传媒｜崇文书局
地　　址　武汉市雄楚大街 268 号 C 座 11 层
电　　话　(027)87677133　邮政编码　430070
印　　刷　湖北新华印务有限公司
开　　本　880mm×1230mm　1/32
印　　张　9.875
字　　数　183 千
版　　次　2023 年 3 月第 1 版
印　　次　2023 年 9 月第 2 次印刷
定　　价　54.00 元

（如发现印装质量问题，影响阅读，由本社负责调换）

本作品之出版权（含电子版权）、发行权、改编权、翻译权等著作权以及本作品装帧设计的著作权均受我国著作权法及有关国际版权公约保护。任何非经我社许可的仿制、改编、转载、印刷、销售、传播之行为，我社将追究其法律责任。

武内义雄

1886—1966，字谊卿，号述庵。京都大学文学博士，日本东北大学名誉教授，日本学士院会员，获“文化功劳者”称号。师从狩野直喜，研究集清代考据学与日本汉学文献批判学之长，奠定了日本中国思想史研究基础。著有《论语之研究》《老子原始》等，另有《武内义雄全集》十卷行世。

汪馥泉

1900—1959，字浚，杭州人。曾任教于复旦大学、东北人民大学等。译有《中国思想史》《中国文学思想史纲》等。

夏川

日语译者，译有《花衣魔笛手》《鹤见俊辅传》《日本近代史》等。

目 录

古代期（下）经学时代

中古期　三教交涉的时代

近世期　儒教革新的时代

前 言

本书原是为岩波书店刊《岩波讲座　哲学》所写的《中国哲学史》，今从该社建议，修订增补并再次出版。

对中国三千年来的思想变化进行完整无缺的研究，并不是件容易的事，在有限的篇幅内简明扼要地写出来也很难。笔者才疏学浅，此书也不完美，但能够完成，是得享前辈披荆斩棘、开拓道路之力，在此深表感谢。

维新以来，此类著作已出数种，但多数详写学者之传记、著述之梗概，在追溯思想的发展历程上令人有不便之感。我在这本书中特别想阐明思想变化的过程，因此尽量简写传记、提要，同时述及过去此类图书不关注的经学之变迁与佛教之影响。但笔者固陋，或有许多谬误。期待贤明的读者诸彦对此予以叱正，以待后日改订。

描述中国思想变化的前辈著作，多将时代分为古代、中古、近世三期。本书也效仿这一做法，划分三期，但稍加鄙意，将古代往后推到后汉末年，将近世提前到中唐。其原因是，我认为古代是中国固有思想的时期，中古是中国思想与印度思想交涉的时期，而近世是中国固有思想受印度思想的刺激而改革的时期。这并不是要反驳前辈之说，还请读者了解。

此外，确定古代期诸子的年代一般依据《史记》中的《六国表》，但笔者据《竹书纪年》逸文对《六国表》订正，所以有时与前辈之说存在差异。此处也提前请读者诸贤谅解。笔者对《六国表》的意见和改订表附在拙著《诸子概说》末尾，如蒙参照则甚欣喜（见全集第六卷《六国年表订误》）。

本书在中古时期稍微论及佛教，这一领域当然是专家之学，非笔者自信之处。但如果不提，就很难充分理解近世儒家的发展，所以非常简要地说及。最近披阅民国冯友兰君的《中国哲学史》，发觉其与笔者态度类似，有异邦得知己之感。

近世期的儒家文献实可谓汗牛充栋，笔者仍未涉猎全部，所以也会有不足之处。此点也想先请读者诸贤体谅。

昭和十一年四月十五日

武内义雄 识

绪 论

研究中国哲学的变迁，区分为三个时期来说明最是妥适。第一期是从春秋末年到后汉终结，即公元前 552 年孔子诞生[1]到 183 年后汉（东汉）灭亡的七百三十五年间，名为古代期。这个古代期又可以分为前汉景帝以前与武帝以后的两个时代来研究。前半期以孔子的诞生为始，老、庄、杨、墨、孟、荀、韩非等诸子百家陆续产生，各自成一家言，你驳我，我驳你，是兰蕙竞芳的时代，称为诸子时代。反之，后半期起自前汉武帝于即位之初用名儒董仲舒的建言，尊崇儒教，压抑诸子，儒教兴盛而诸子衰颓，儒教的教说代表了当时的思想，儒教

1　作者此处认为孔子诞生于公元前 552 年，并以 184 年黄巾起义作为东汉灭亡、三国时代开启的标志，一般认为孔子诞生于公元前 551 年，东汉亡于 220 年。——编注

经典（五经）的研究成了学问的全部。这个时代称作经学时代。诸子时代与经学时代面目很不相同，但两者都是在中国、由中国的民族产生的思想学说，没有受到外来思想的影响。因此，综括这两个时代为古代期。

其次，第二期是从三国初年（184）到唐玄宗末年（755）的约五百七十年间，名为中古期。此期开始，儒教还维系着前期的余势，经学的研究也相当兴盛，但是支配当时的思潮实是老庄思想，当时的经注中有很多是用老庄思想来注释儒教经典。同时，据说后汉时期已传入中国的印度思想（佛教），进了这中古期，突然增加了它的势力，一方面成了真正为中国人所理解、所信奉的思想，另一方面又刺激了风靡当时的中国固有的思想（即老、庄的思想），促进了道教这一种宗教的确立。于是，到了这中古期的后半期，儒、道、佛三教鼎立地兴盛。即是说，隋唐之际是儒、道、佛三教鼎立的时代，三教之中最具深远哲学的是佛教，当时第一流的思想家、学者看起来都是佛教者。

再次，第三期是从唐玄宗（756）以后到现在的约一千二百年间，名为近世期。近世期很长，所以又可以分为四个时代。第一是从中唐到五代的两百余年间，这是宋学的准备时代。第二是从北宋初（963）到南宋末（1279）的三百二十年间，这是所谓宋学时代。第三是元、明两代，就是从 1280 年到 1661 年的约三百八十年间[1]，这个时代的中心在于明代，元代是它的过渡期。第四是清代，也即所谓考证学全盛的时代，但在思想方面却并不发达。近世期鉴于第二期兴盛之佛教哲学的深远影响，以改造中国固有的儒教，构成新的体系为主要目的。

总之，古代期中的中国思想滥觞于孔子，发扬于战国诸子，到汉代由儒教统一。到中古期，佛教的力量加入，又促进了道教的成立，儒、道、佛三教便鼎峙了。到近世期，佛教哲学影响到了儒教，使儒教被重新改造。这被改造了的儒教的代表思想，是朱子学与阳明学。

---

1 作者以南明朱由榔逃往缅甸为明朝覆灭时间，一般认为明朝亡于 1664 年。——编注

古代期（上）诸子时代

第一章

中国古代的民族信仰

在中国，系统思想的产生以孔子为最早，因而中国思想史应该从孔子着笔。但孔子的思想基于更古的中国的民族信仰而产生，所以在叙述孔子的学说之前，先讲一下中国古代的民族信仰。

要说明中国古代的民族信仰为何物，在文献不传的现在颇为困难。从种种方面综合起来看，我以为“人尽由天生”的思想是中国古代民族信仰的中心。《孟子 · 万章》中引据殷代名臣伊尹的话说“天之生此民也，使先知觉后知”，《大雅 · 烝民》一诗中歌咏“天生烝民”等，都是古代中国人相信“人尽由天生”的证据；他们以为人的祖先在天上。“天”字是“大”字上面加一横，“大”是描画人伸开两只手、撇开两只脚站立之状的象形文字，原本是“人”的意思,在上面加一横的“天”字无疑是表示盖覆人之上的天空。但是，当作人类的祖先的天，并不是盖覆我们之上的天空，而是在天空中支配着下界的帝或上帝。[1]“帝”字的最原始形态，是“▽”或“▼”，原本是描画草木之花散落后结的果实，大概因为这果实是蕴藏着不久便生发草木的种子之处，所以转而表示草木发生之根源，之后再转而表示人类的祖先了。周代有青铜器中刻着“▽已、祖丁、父癸”，这铭文中的“▽”字便是“帝”字的原始形态,是父祖所由出,即人类最初的祖先的意思。“帝”字是人类最初的祖先之意,就“禘”字来看也很明了。“禘”,是“示”的右边加以“帝”,意为祭帝的祭祀。据《礼记 · 大传》中“王者禘其祖之所自出”,便可以明白,其祖之所自出,即人类最初的祖先,是帝。如此的“帝”字是表示人类始祖的字,“天”字是表示盖覆我们之上的天空的字，两者应表达全然不同的概念，但是中国古代的民族相信帝是在天上的神明、天与帝的古音相同，因此表达人类始祖之意的“帝”常常用“天”字来表达。所以，天生人，便是“在天上的帝的后裔便是人类”的意思。

《周书 · 吕刑》记载着苗民制五刑，虐无辜的人民，人民

1 吴大澂《字说》。

诉于上帝，帝怜惜庶民无罪而被虐待，命重黎断绝地天的通路，压抑苗民的神话；依据这神话，从前上天与下地之间有道路，地上的人也可以登天与天上的帝讲话。据《国语·楚语》，楚昭王曾引用此神话，疑从前的人也能登上天，便问臣子观射父此事。观射父对此以别的解释回答他。平心而论，细读《吕刑》这篇文章，我以为昭王所思考的解释反而更自然。日本的古代神话中讲地上的群神与天上的群神互相往来，可以想象中国也有与之正相似的神话。如果这个想象没有多大的错误，那么中国古代的民族相信人是上帝的子孙也借这一神话具体地传达。《大雅·生民》一诗歌咏姜嫄履帝迹，上天见帝而生后稷的神话，不也可以看作这类神话之一吗？

如上所述，古代的中国人以为人类的始祖是帝或天，相信人都是由天而生的；但是，他们又以为帝或天常常降其子于地下，导治下民。他们用“天子”之名称呼主权者，便是因此。所谓“天子”，盖奉上帝的命令，为导治生民而由天降生之人。依从天命以导治生民的天子的责任是:第一，率领生民，祭祀他们的始祖的帝；第二，时刻忖度天意，不违反天意地导治生民。为了实践第一个目的，行禘祭；为了达到第二个目的，行龟卜。《国语·鲁语》中记“有虞氏禘黄帝而祖颛顼，郊尧而宗舜。夏后氏禘黄帝而祖颛顼，郊鲧而宗禹。商人禘舜而祖契,郊冥而宗汤。周人禘喾而郊稷,祖文王而宗武王”。[1] 这是表示为了第一个目的，从前的王者都以其祖所自出为帝而祭祀。在河南汤阴县附近的殷墟出土的无数龟甲，是为了第二个目的而行龟卜的实证之物。[2]

所谓龟卜，是灼烧龟的甲，据其裂纹判断吉凶的占法。古代的中国人，当决定祭日的时候、出发战争的时候、出发田猎的时候、要预知天候的时候，以及决定其他各种重大事情的时候，都谋之于龟卜。最尊重这龟卜的时代似是殷代，但龟卜为什么能够把天之所命告与人知则无法说明。在人智未开的古代，用这种因袭的方法或可得到安心，但到人智渐开，人们自然对于龟卜发出疑问,要求合理的说明。于是到了周代，一般的社会还是依据前代的遗风尊重龟卜，但知识分子之间比诸尊重龟卜，反而以为依靠自己的内省更能忖度天意。因为人是天之所生，人们的素质中具备着天的素质，所以人可以靠内省自己而直觉天意之所存。《周书 · 康诰》中有

王曰:“呜呼,小子封,恫瘝乃身,敬哉,天畏棐忱……

1 《礼记 · 祭法》中也有相类似的记载。

2 罗振玉《殷墟书契考释》。

往尽乃心，无康好逸豫，乃其乂民”[1]

一节，所谓“天畏棐忱”是天德辅诚的意思，把这句话和下面的“往尽乃心”一并来看，我以为这篇文章的作者认为，人心中先天寄宿着天之所命，所以人依靠内省而不自欺便能够直觉到天命。同篇之中“汝丕远惟商者成人，宅心知训”一句，也正是明证了上面的解释并不错误。因为《康诰》是周公平了三监之乱以后，想封卫之康叔于殷之故土时谕知康叔的话，据此可知周公已经认识了人心的内省比龟卜更有意义。《大雅 · 烝民》一诗中的

天生烝民（众民），有物有则。民之秉（顺）彝（常性），好是懿德。[2]

也是歌咏人心中先天具备着道德性。由这一点来看，可以明白周初的诗人也以为，人依靠内省自己能够忖度天命之所在。总之，殷代以前似都以为人是天之后裔，应该依从其始祖上帝之命，而上帝之命则可以专在龟卜中知悉；进了周代以后，

1 恫瘝（tōng guān），意为疾病、病痛；棐忱（fěi chén），意为辅助诚信之人。——编注

2 这首诗的训诂依据马瑞辰《毛诗传笺通释》的说法。

他们似乎进一步地以为，人都是上帝（即天）生的，但人心中先天地寄宿着天之命，所以人各自内省其心，不自欺，便能够随顺天之命。

我们上面已经说过，周代初年的人以为依靠内省自己就能够直觉天命之所在。那么，他们到底以何事为天所命呢？《周书·康诰》中说：

> 元恶大憝，矧惟不孝不友子。弗祗服（治）厥父事，大伤厥考心。于父不能字（慈）厥子，乃疾厥子。于弟弗念天显（天法），乃弗克恭厥兄。兄亦不念鞠子（释子）哀，大不友于弟。惟吊兹，不于我正人得罪，天惟与我民彝（常性）大泯乱。[1]

这是说，人类行为中最坏的是不孝与不友，如其父子之间没有了孝，兄弟之间失却了友情，不单是法律上的罪人，甚至连天所赋予人类的彝伦（常性）都灭却了。由此推测，《康诰》的作者似以“孝”与“悌”这两德作为天之命。如此尊崇地看待“孝”与“悌”，是因为人类借由内省而感受到的最真纯切实的情感，第一是亲子间的爱情，第二是兄弟间的友情吧。

1　憝（duì），意为坏、恶；矧（shěn），意为况且。——编注要之，周代初年的圣贤周公，基于中国古代的民族信仰，以为人类是由天而生的，随顺天的命令便是道德；天的命令被先天地赋予在人类固有的性情中，所以人依靠尽诚地内省自己能够直觉到天的命令；自己内省，体验到的最真纯切实的情感，第一是亲子间的爱情，第二是兄弟间的友情，所以“孝”与“友”是道德的根本。此处周公的道德，成了后起的孔子的道德观之先河。

第二章

孔子

孔子，名丘，字仲尼，周灵王二十年（前552）生于鲁国的昌平邑，敬王四十一年（前479）七十四岁时去世，事迹见于《史记 · 孔子世家》。《史记 · 孔子世家》是孔子传记中最古且可信赖的，但其中也还有一些疑问，成了后世学者议论的根源。我现在在这部小著述中，没有涉入这种问题中的余裕，只依据《论语 · 为政》中所载的孔子自己的话，概要地一述其一生的阅历：

> 吾十有五而志于学，三十而立，四十而不惑，五十而知天命……

据此可知，从十五岁到三十岁是孔子的修养期，到了三十岁他才跑进社会。他最初踏进社会的时候地位如何已不能明了，但《孟子·万章下》中记载孔子曾经做“委吏”（司会计）、“乘田”（也叫作“司职吏”，司牛羊），则可以想象孔夫子最初也是从事会计和畜牧的小吏，似并没有显著的地位；到四五十岁的时候，志操也定了，一家的见识似也成就了，据《史记》，孔子之后做过中都宰，做过司空，做过大司寇，在政治舞台上活跃过。但这也只是数年间的事情。后来，他离开了鲁国的政治，到卫、陈、宋、郑、蔡、楚各国去游说，终于不能行其志；晚年返乡里，似专从事于经典的整理与门人的教育。

集合孔子的话的著述，有《论语》二十篇，为历代学者所爱诵，但这也是孔子死后，经过了许多年月才编纂成的，其中似还混入了后世的文章。我现在没有余裕对各篇章加以详细的评判，只依据其中最古且可信赖的部分略述孔子的思想学说。

孔子是鲁国人，鲁是周初时周公之子伯禽被封的国，所以其建国始祖是周公。周公是周文王之子、武王之弟，是武王死后辅佐幼主成王、奠定了周室基础的伟大政治家。据说，周之文物制度都是他制定的。孔子是鲁国人，所以尊崇其建国始祖周公。《论语·述而》篇中说：

子曰：“甚矣，吾衰也！久矣，吾不复梦见周公。”

细细研究这一章，可知孔子一生很敬慕周公，尤其是盛年中，甚至于梦寐之间也不忘周公。孔子一生的事业，便是再兴周公制定的周初的礼乐，实行周公的理想吧。

孔子把自己所教导的称为“吾道”，门人把孔子所教导的称为“夫子之道”；所谓夫子之道，尽于“仁”之一字。夫子之道是“仁”，在《论语》中，如下面的

> 富与贵，是人之所欲也；不以其道得之，不处也。贫与贱，是人之所恶也；不以其道得之，不去也。君子去仁，恶乎成名？（《论语·里仁》）

一节中，“仁”字是承接“道”字的。又在

> 君子务本，本立而道生。孝弟也者，其为仁之本与。（《论语·学而》）

中，“仁”字也是承接“道”字的。通观全部《论语》，其中论仁的有五十八章，“仁”字出现一百零五次之多。[1] 由此可知

1　见清阮元《揅经室集八·论语论仁篇》。

孔子是如何地重视“仁”；但是，这些篇章中所说的都只是达于仁的方法，并没有讲到“仁”“道”这些东西的本质。孔子的“仁”到底是什么，历来学者的议论很多。试看《说文》“仁，亲也，从二、人”，则这个字是“人”字旁加“二”，所以表示人与人相亲之意。《礼记·中庸》中有“仁者人也”，郑注解释说：“人也，读如相人偶之人，以人意相存问之言。”这里所说的“相人偶”一词，是汉代流行的话，在郑玄的注释中常常出现，此处“人”与“偶”同意，是成为友，或者相亲的意思。[1] 因而，《中庸》中所说的“仁者人也”，与《说文》中所说的“仁，亲也”有相同的意义。又如《论语》中

> 樊迟问知。子曰：“务民之义，敬鬼神而远之，可谓矣。”问仁，曰：“仁者，先难而后获，可谓仁矣。”（《论语·雍也》）
>
> 子曰：“知者乐水，仁者乐山；知者动，仁者静；知者乐，仁者寿。”（《论语·雍也》）
>
> 樊迟问仁。子曰：“爱人。”问知。子曰：“知人。”……（《论语·颜渊》）

1　参照王念孙《读庄子杂志·大宗师篇》与“造物者为人”之条。

如此使“仁”与“知”相对立的地方有很多。[1] 这大概是把人类的精神活动分为知的方面与情的方面，把“仁”看作以情的方面为主的德吧。在人类的精神活动中，知与情本非各自独立进展，而是处于互相不能分离的关系，所以“知”和“仁”也绝不是独立的德，而是相互关连。《论语》中也说“好仁不好学，其蔽也愚”（《论语·阳货》），即“仁”离开了“知”是不能成立的。又说“知及之，仁不能守之，虽得之，必失之”（《论语·卫灵公》），“择不知仁，焉得知”（《论语·里仁》）等，力主“知”如不基于“仁”，也全不能得其所以而为“知”。“知”与“仁”是如此密切相连上的德，而“仁”主要是从情的方面看到的德。因此，“仁”的本质可以说是亲爱之情。这亲爱之情，是社会结合、人类和乐的基本。在最自然而且没有虚伪的状态中发现的，第一是父子的爱情，第二是兄弟的友情。这父子的爱情与兄弟的友情，是亲爱之情的根本代表的情感。所以《论语》中说：“孝弟也者，其为仁之本与。”（《论语·学而》）《中庸》中说：“仁者，人也，亲亲为大。”《孟子》也说：“仁之实，事亲是也。”（《孟子·离娄上》）这种父子兄弟间的亲爱之情，扩大开来，及于社会全般的时候，仁道便完成了。所以，

1 《论语》中，又往往并论知、仁、勇三者，但是这些部分，是比较的后世的话，是与《中庸》下篇等同一时代的思想吧。

治理天下国家的政治精神，到底也与一家族中的孝悌或者孝友是一样的。因此孔子引《佚书》[1]中的“孝乎惟孝，友于兄弟”的古语，赞叹这孝友之道如其行得正，那么主掌一国的政治也是一样的。(《为政》) 总之，孔子的所谓仁，是以亲爱之情(以父子的爱情与兄弟的友情为根本)为本质的；重视父子之爱与兄弟之情，与上述《周书·康诰》中重视孝友之情的思想相同，恐怕孔子是祖述周公的思想吧。

上文已述，孔子的所谓仁道是以亲爱之情为本质，那么这种亲爱之情要如何才能得到呢？《论语》中说“为仁由己，而由人乎哉？”(《颜渊》) 又说“仁远乎哉？我欲仁，斯仁至矣”(《述而》)，以为仁是人类固有的德。那么为何仁义为人类所固有呢？是由于天命。孔子“五十而知天命”(《为政》) 的天命便是。那么，天命是什么意思呢？《韩诗外传》引《论语·尧曰》中“不知命，无以为君子也”一节，解释说：“天之所生，皆有仁义礼智顺善之心，不知天之所以命生，则无仁义礼智顺善之心，无仁义礼智顺善之心，谓之小人，故曰‘不知命，无以为君子也。’”依此可知所谓命，是天之所以命生的意思，天赋命与我们人类的是我们的顺善之心，即道德性。因而，所谓天命便是人类出生时由天赋命了的顺善之心。换句话讲，

1　古文《尚书》的别称。——编注

它是我们心中具备的道德性，孔子把它看作仁，即亲爱之情。于是，孔子所说的“五十而知天命”，可以理解为他领悟到仁道之根本的亲爱之情，是人类先天具有的道德感情，把它扩充开来便是人类之道。如此将人类道德的根源归诸天命，是中国古代的民族信仰。如前所述，认为天命寄宿在人类心中的观点，在《周书·康诰》中已萌芽了，而孔子则更明确地意识到，我们的心中先天具备着的亲爱之情便是由天赋命了的道德性，把它扩充开来，便是仁道。

上文已述，仁道之根本的亲爱之情，是人类先天被赋予的感情，这是万人共通的；但这亲爱之情扩充到能称作完全的仁，则必须伴以不断的努力及修养。因此孔子教训说：“君子无终食之间违仁，造次必于是，颠沛必于是。”（《里仁》）又说：“如有王者，必世（三十年）而后仁。”（《子路》）希期仁的完成，是如此难的事业，即令孔子的门人中，许以仁者之称的只颜回一人，其他门人概不能称。不单门人不能称仁者，孔子自己也谦逊地说：“若圣与仁，则吾岂敢？”（《述而》）为教以这仁道，孔子以文、行、忠、信四点教导门人弟子。《述而》篇中说的“子以四教，文、行、忠、信”便是。那么，所谓文、行、忠、信，是什么意思呢？《大戴礼》的《卫将军文子》篇中，有

> 吾闻，夫子之施教也，先以《诗》《书》，导之孝悌，说之以义，而观之礼……”[1]

一节，正可以看作四教的说明。就是：第一的“文”，在于《诗》《书》；第二的“行”，在于孝悌或礼；第三的“忠”与第四的“信”，在于义。试据《论语》稍加以说明。

第一的“文”，是《诗》与《书》，这两者自孔子那时起便被尊崇为儒家的经典。后来儒家的经典于《诗》《书》之外，新增《易》《礼》《春秋》，总称为“五经”；但在孔子那时候，《诗》《书》两者之外的还不曾被看作经典。据说孔子晚年爱读《易》，甚至于作了被称为“十翼”的十篇解释。《论语》中也有孔子说的“五十以学《易》，无大过矣”（《述而》）这种赞叹《易》的话。《易》的《十翼》非孔子的作品，经宋欧阳修论列，几乎是学术界的定论；至于《论语》中“五十以学易”的“易”字，据“鲁论”这一派的本子作“亦”字，则此章的意思是五十岁来学习也没有大过。因此，孔子爱读《易》这回事，并没有确实的证据。所以在孔子那时，《易》并未成为儒家的经典。其次，讲到《礼》。《述而》中有“子所雅言，《诗》《书》；执礼，皆雅言也”的话，特在“礼”字之上，添个“执”字。从这

1　现在的正文有误，读不下去，据王引之说改正。

一点可以推知，作为经典的《礼经》当时还不曾存在，只是在制度习惯上传承。再次，讲到《春秋》。这是孟子以后才显著的著作，《论语》中并没有把《春秋》当作经典。所以，在孔子那时，儒家的经典只《诗》与《书》两者，孔子把它们当作教科书，教导门人。《书》是类集前代的诏敕誓诰之类的著作，有着先圣，特别是周公的诰戒，《诗》是古人歌咏心境的不虚伪的告白，所以依靠《诗》《书》能顺先圣的教导而陶冶性情。

第二的“行”，据《大戴礼》的说明，有如孝悌，也有如礼。试看《论语》中“孝悌也者，其为仁之本与”的话，也可以明白孝悌是孔门诸行中最重要的。所谓孝悌，也不是离开了礼的“行”。《论语·为政》中，孔子回答孟懿子问孝说“无违”，更为樊迟说明“无违”即“生，事之以礼；死，葬之以礼，祭之以礼”。这是表示，孝也是依着礼来实践的。由这一点来推测，悌是顺礼而事兄。可以说，一切的行为都是顺着礼的。因此，孔门的“行”说是孝悌也好，说是顺礼也好，都是一样的。要之，孔门的“行”，如举其根本点，当归于孝与悌；用概括的话来讲，人们的一举一动要当于礼，如不当于礼便不可动。

第三的“忠”与第四的“信”，原本日文均训读为“诚”，但两者的概念实各自有别。先就文字的构造来看，“忠”字由

“中”与“心”两个字构成，是人们内省自己的心，不欺瞒自己的意思；“信”字由“人”与“言”两个字组成，是人履行对于别人约定的话而不欺罔的意思，因此，两者日文原本都训为“诚”，但前者表示不欺瞒自己，后者表示不欺瞒别人。曾子说的“吾日三省吾身：为人谋而不忠乎？与朋友交而不信乎？”(《学而》)这一节，最明白地显示了这两个字的意义。前者是在自己的心中内省而谋，后者是对于别人而尊重约言。称孔子的仁道的精神尽于这两个字，也不是过分的话。孔子以为，自己内省而尽忠是仁道的第一义，所以他的门人曾子说：“夫子之道，忠恕而已矣。”(《里仁》)所谓忠，是自己内省了而直觉到善恶；所谓恕，是以自己的心忖度别人。这虽则是两个作用，但是两个作用集合在一起，便成了实现“仁”的方法；作为践行“恕”的前提，得先践行“忠”，所以追溯到所谓“忠恕”的根本，只是一个“忠”字。如上所述，直觉到仁道的主观的工夫，只是一个“忠”字，把它在社会上实现出来的第一要件，则是人人互相重“信”。所以孔子说：“人而无信，不知其可也。”(《为政》)有一次，门人子贡“问政”，孔子回答他说：“足食，足兵，民信之矣。”子贡再问，如其万不得已，在这三者之中要割爱一项，那应该割爱哪一项？孔子回答说：“去兵。”子贡再问，其余的两项中，如其万不得已还要割爱一项，那应该割爱哪一项？孔子回答说：

“去食。”“兵”与“食”，虽则是国家社会存立及民生生活上必不可缺的，但是孔子却更重视“信”，断言“自古皆有死，民无信不立”（《颜渊》）。由这一段话可以明白，孔子是如何地重视“信”了。

上面对文、行、忠、信的四教作了概括的说明，此处我们试研究其相互关系，以显示孔子教育的一斑。孔子把《诗》与《书》当作两部教科书来教导门人，其中《书》是辑集前代帝王的誓诰的著作，先圣的训戒，特别是周公的教训很多，所以孔子是由《书》引导门人悟得周公的理想。四教中第二项的“行”的根本，是孝悌。孔子重视孝悌，只是蹈袭了周公尊重孝友的思想。《论语 · 为政》中引用“孝乎惟孝，友于兄弟”这一《佚书》的文句，说只要真正地践行孝友，即使不能走上政治舞台，也与施行政治有相同的效果：这一段话是由《书》教以孝悌的一例。其次，《诗》是辑集古代民谣的著作，是当时人不虚伪的告白，所以用“诗三百，一言以蔽之，曰思无邪”（《为政》）一句话说尽了。孔子使门人学《诗》，虽有种种目的，但主要的目的在于学《诗》以陶冶人的性情，引导到“思无邪”的心境中去。所谓“思无邪”，换句话说，便是不欺瞒自己而且不欺瞒别人，结果归于“忠”“信”。因此，夫子尊重《诗》，是为了借此以养育忠信的精神。总括以上，孔门的四教可说是借《诗》《书》以涵养忠信的精神，实践孝悌的“行”，实践礼仪，以期“仁”的完成。

如上所述，文、行、忠、信四教是为了完成“仁”的四个教目，而其中最重要的是行与忠。所以，为了教以达到“仁”的方法，孔子常常讲述行与忠。第一，从“行”的方面来说，是教导通过“礼”的实践可以达到“仁”。如

> 颜渊问仁。子曰：“克己复礼为仁。一日克己复礼，天下归仁焉。[1]为仁由己，而由人乎哉。”颜渊曰：“请问其目。”子曰：“非礼勿视，非礼勿听，非礼勿言，非礼勿动。”（《颜渊》）

便是例子。第二，从“忠”的方面来说的，是教导把内省主观而直觉的推及到客观，由此可以达到“仁”。如

> 子曰：“参乎，吾道一以贯（行）之。[2]”曾子曰：“唯！”

1 “一日克己复礼，天下归仁焉”十一字，和上面的一句意义重复。“一日”的“日”字，恐是“曰”字之误。这十一字是注记异本的文句，但误入正文了吧。《史记·弟子列传》引这一章，只作“克己复礼天下归仁焉”；《左传·昭公十二年》引用孔子的话，只作“克己复礼仁也”。现在的《论语》合并了两处异文。

2 这一章《卫灵公》篇作“子贡问曰：‘有一言而可以终身行之者乎？’子曰：‘其恕乎。’”意义相同。“一以贯之”，是以一言而行之的意思。“贯”字古训“行”之说，详见阮元《揅经室集》。

> 子出，门人问曰："何谓也？" 曾子曰："夫子之道，忠恕而已矣。"(《里仁》)

是最著名的。于是，孔子死后，其门人之间产生了注重主观而力说忠恕的一派，及尊重客观的规范而力说礼的一派。

第三章

孔门的两个学派

第一节　孔门诸弟子

孔子的门人非常多，单是知其名的已超过七十人。这些弟子中，最有名的是子路、有若、颜回、子贡、子夏、子游、曾子等。其中子路与颜回先孔子而死；孔子死后，有若和子贡因是最年长者而被尊崇，子夏、子游、曾子三人是少壮者中著名的人。这些人在孔子活着时同受夫子的教导，同门的友谊很深；孔子死后，他们散居各方，有的做了诸侯的师傅，有的返故乡授徒。子贡到了齐国，子夏做了魏文侯的师傅，曾子仍在鲁国，努力于遗教的宣扬。因为居住地各异，他们便没有了相会的机会，各自发挥不同的性格，于是孔门也出现了种种异说，分出了学派。这实是当然的事。

《孟子 · 滕文公上》有一段记载，说孔子死后三年，子夏、子张、子游三个人商谈，提议将来推有若为师，曾子则拼命反对。综合《礼记·檀弓》中子游之徒诽谤曾子等，可知子游、子夏等一派与曾子一派相对峙而异其所见。这里先叙述曾子派的说法，再叙列子游派的主张，并略述两派的不同点。

第二节　曾子学派

曾子,名参,字子舆,鲁人,小孔子四十六岁。他的著述,《史记》中列《孝经》一篇;《汉书·艺文志》中录《曾子》十八篇，早佚;《大戴礼记》中残存十篇。由这十篇及《孝经》，可以概略地知道曾子的学说。《孝经》一篇，据清代姚际恒等的意见，以为是汉代人伪作,不足信;[1] 但现存的《孝经》在《吕氏春秋》中已被引用，而《吕氏春秋》是吕不韦的著述，因此这部分定是秦代以前的旧本。又,相传《孟子外书》中有解释《孝经》

1　见姚际恒《古今伪书考》。

的《说〈孝经〉》一篇，[1] 现在《孟子》七篇中也有与《孝经》思想相通的记事[2]：由这些事实来考察，《孝经》即令不是曾子手录的，也定是传述曾子派主张的。又，《大戴礼记》中残存的《曾子》十篇也不是曾子的手笔，其中对曾子的弟子乐正子以字称呼，则它是乐正子的后学传述的本子。这十篇中虽有很多部分让人觉得是后来的思想，但大体上可以想象是传述曾子学派思想的文本。此处据这十篇及《孝经》，概要地一述其主张。

《孝经》中说："夫孝，德之本也，教之所由生也。"《曾子》中说："民之本教曰孝……仁者，仁之者也；宜者，宜之者也……行者，行之者也；强者，强之者也。乐自顺之生；刑自反之作。"（《曾子·大孝》）它们把一切的道德，统属于一个"孝"字。不单把人类道德统属于孝，而且说："夫孝，天之经也，地之宜也，民之行也，天地之经而民是则之。"（《孝经》）"夫孝者，天下之大经也。夫孝置之而塞于天地，衡（横）之而衡于四海，施之后世而无朝夕。"（《曾子·大孝》）

孝是一贯天地人的道，不为时间和空间限制，是遍布于宇宙的原理。孝是如此遍布于宇宙的原理，但宇宙间最尊贵

1　见后汉赵岐《孟子题辞》。

2　清陈澧《东塾读书记》的说法。

的存在是人，所以孝在人这里最为完备。人的孝可以分为大孝、中孝、小孝三类。所谓大孝，不单是敬爱其亲，而且为子者要修其身而成为顶天立地的人，以显扬其父母。所以《孝经》中说："孝莫大于严（尊）父，严父莫大于配天，则周公其人也。昔者，周公郊祀后稷，以配天，宗祀文王于明堂，以配上帝；是以四海之内，各以其职来祭。夫圣人之德，又何加以孝乎。"把周公之德，归之于孝。由这些话来看，曾子的所谓孝，与并称孝悌的孝不同，实是近于孔子的所谓仁。曾子说："君子立孝，其忠之用，礼之贵（体？）"。[1]（《曾子·立孝》）这是说，作为行孝的方法，在主观上从忠，在客观上从礼；这和《论语》中作为达到"仁"的方法而教导的忠恕、复礼很相类似。总之，曾子以孝为宇宙的原理、人类的道德，劝导人们从忠与礼以实践孝。这完全只是把孔子的仁改名为孝。

传述曾子之学的有子思。子思是孔子之孙孔伋的字，父亲叫伯鱼。子思的生卒年月不详，不过确定的是伯鱼先孔子而死、子思在鲁穆公时尚在，因此至少从孔子的卒年（前 479）到穆公初年（据《汲冢纪年》为公元前 415 年）的六十五年间是确定生存着的。实际上，子思恐怕只活到公元前 400 年左右

1 "贵"字恐是"體（体）"字残损后的讹误。

吧。据《史记》，子思的年寿是六十二岁，但这或是八十二岁的伪误。[1] 子思的文献，据《汉书·艺文志》记载有“《子思子》二十三篇”，今不传；但据梁朝沈约说，现在的《礼记》中的《中庸》《表记》《坊记》《缁衣》等四篇是从《子思子》中抄出的，[2] 则据此可以看到《子思子》的一部分。四篇中特别有名的是《中庸》，后汉郑玄也说过这是子思的遗作。熟读这四篇，其中最古的是《中庸》的上半部，《表记》《坊记》《缁衣》等三篇次之，《中庸》的下半部很新。[3] 子思作《中庸》亦见于《史记》，而《汉书·艺文志》还举《中庸说》二篇，据书名推测是解说《中庸》的文章；《礼记》的《中庸》中旧的部分是子思的《中庸》，感到是后来思想的部分应是它的解说。这旧的部分，以朱子的《中庸章句》来说，是第二章到第十九章（其中第十六章应移于第二十三章之后，似是错乱了）这十七章；除此之外的部分，似是成于秦代而附加的辞说。

此处单就旧的部分来研究。子思先引仲尼的“君子中庸，小人反中庸”的话，称赞中庸之道；其次说中庸的“中”是没有“过”与“不及”的意思，又说是两端的中央；其次说，庸是庸常的意思，中庸之道是匹夫匹妇之愚也能知道、匹夫

1　见清梁玉绳《史记志疑》。

2　见《隋书 · 音乐志》。

3　参照拙著《老子原始》附录《关于子思子》。

匹妇之不肖也能实践的道；最后说，君子之道，有如行远必自迩，登高必自卑，先自对父母尽孝始，称赞舜之大孝，武王、周公的达孝，后面以下文作结："夫孝者，善继人之志，善述人之事者也。春秋修其祖庙，陈其宗器，设其裳衣，荐其时食。宗庙之礼，所以序昭穆也；序爵，所以辨贵贱也；序事，所以辨贤也；旅酬下为上，所以逮贱也；燕毛，所以序齿也。践其位，行其礼，奏其乐，敬其所尊，爱其所亲，事死如事生，事亡如事存，孝之至也。郊社之礼，所以事上帝也，宗庙之礼，所以祀乎其先也；明乎郊社之礼，禘尝之义，治国其如示诸掌乎。"

以上所述，是《中庸》篇中旧的部分之大要。根据这些话，子思的《中庸》是敷陈曾子的孝，较之曾子以孝来说明孔子的仁道，子思不过是用中庸一词来说明而已。孔子的仁、曾子的孝，原本是成就人类固有的亲爱之情的，所以当然是匹夫匹妇之愚、之不肖也能实践的庸常之道。这既不是高远的道理，也不是过于卑迈的道理，是所谓两端之中的道，所以叫作中庸之道。践行这中庸之道，不需要其他困难的方法，单借忠恕便行了。"忠恕违道不远，施诸己而不愿，亦勿施于人。"其力说忠恕，也与曾子派的思想相一致，由此点可知子思继承了曾子的思想。

总之，曾子以孔子视作仁之本的孝，来总括道德全部，子思为说明曾子的孝道，用中庸这一范畴；因此，从孔子经由曾子到子思，说明的话语虽则变化了，但其内容大略相同。曾子是认为行孔子之仁道的唯一方法在于忠恕的人（《论语·里仁》），他的所谓孝，其根本也只是一个忠字（《曾子·本孝》）；子思也说，中庸之道应自对父母尽孝始，其方法不出于忠恕。所以，曾子与子思的方法，可以说是继承了孔子所教行仁道方法中的精神方面（即忠恕说）而发展出的。而子夏、子游的一派，继承仁的形式的方面（即复礼说），与曾子派异趣。

第三节　子游学派

子夏，姓卜，名商，小孔子四十四岁，孔子死后做了魏文侯的师傅。文侯在位，据《汲冢纪年》，为公元前446—前397年，所以子夏生于公元前522年，至少有八十岁以上的寿数。子游，姓言，名偃，吴人，大子夏一岁。他曾经做过武城宰，兴礼乐，又举用澹台子羽，革新政治，晚年生活不详。但《史记》中说，孔子死后，子羽与其弟子同渡江去吴，所以子游也恐怕归吴了。

子夏与子游都是长于“文学”之人。《论语·子张》中，子游评论子夏的门人说：“子夏的门人虽长于洒扫应对进退这种礼的末节，但不懂其根本的礼的精神。”由这一段话来看，可知子游似乎比子夏更进一步。因此此处概述子游派的说法，作为这一派的代表。

子游的文献，《礼记》中收入的比较多，借由这些资料则已可以研究他的主张。这些资料中最早的应是《曲礼》和《玉藻》，其次是《檀弓》和《杂记》，最后的是《礼运》《礼器》《郊特牲》三篇及《冠义》《昏义》《乡饮酒义》《射义》《燕义》《聘义》六篇。[1] 这些文章的成立年代并不一样，也并不是成于同一人之手，但从内容上推度，则可以认为都是由子游派的学者所缀集。《曲礼》与《玉藻》辑集记录古礼的断简，其中说“道德仁义，非礼不成；教训正俗，非礼不备；分争辨讼，非礼不决；君臣、上下、父子、兄弟，非礼不亲”（《曲礼上》），即主张一切的道德，都由礼的规准而成立。其中又有“礼从宜”（《曲礼上》）。此处的“宜”与“义”相同，指礼的精神。礼是所有人类制定的形式，但为制定这些形式而各有主意精神，这种精神叫作“宜”。子游评论子夏的门人虽通礼之末节，但不知其本，这便是说他们拘泥于礼的形式，而不理解其精神。其次，《檀弓》和《杂记》中，关于礼的各条，只是举历史的事实加以说明，至于《礼运》《礼器》《郊特牲》等篇，是特

1　清邵懿辰《礼经通论》的说法。

地为了说明“宜”的。这几篇因为文章错简很多，很难完全了解其意义，但概而言之，其目的在于说明礼的时、顺、体、义及称等五种。第一的“时”，是说一切礼的形式依顺时运而变化，不可拘泥于形式。第二的“顺”，是说礼依顺人情而制定，此处所谓人情是指人类的本性。第三的“体”，是说人情的本体（即人性）是仁。第四的“义”，是说从这人情的本体（即仁）产生的是道义。这种道义是本诸人类的本性（即仁）而定的规则，以教导父应慈、子应孝、兄应良、弟应悌、夫应义、妇应德、长应恩、幼应顺、君应仁、臣应忠为主眼，为教导这些而设的规则中有“称”。第五的“称”，便是这个。所谓“称”，是不同、不丰、不杀之意。不同，是礼的形式因地位而不同，例如制定天子七庙、诸侯五庙、大夫三庙这样的数目，就叫作不同。这不同的数目不能增、不能减，即不丰、不杀。例如，诸侯不能建七庙，这是不丰；天子不能节约为五庙，这是不杀。如此制定了的数目符合“宜”而不能改动，这就叫做“称”。总之，礼的形式随着时的运移而变化，不变化的点称于宜（义）。礼最重要的部分是了解这一义，所以，《郊特牲》中说：

> 礼之所尊，尊其义也。失其义，陈其数，视史之事也。故其数可陈也，其义难知也。

力说应该重义。在其前后，残存《冠义》与《昏义》的错简。想来《礼运》《礼器》《郊特牲》三篇原本是连续的一篇，似是《冠义》《昏义》《射义》《燕义》等各篇的总论。试看从《曲礼》到这许多篇的径路：子游派的学者，起初特别力说孔子作为达到仁的方法而教导的复礼，努力于礼的研究；然后，他们渐渐从礼的形式而深入，研究礼的精神。力说礼的精神即义，自然会回到曾子派所重视的主观性考察上。要之，曾子派从主观省察入手，主张道德的本源在于主观；子游派则先研究客观的礼的形式，注意到其形式随时变化，转而研究礼的精神。但由于以礼的形式为主，或更重视礼的精神，同一礼家分化成子夏派与子游派。注重形式的结果，是出现了徒腐心于容貌威仪之整饰这种末流的弊害；注意精神的结果，是出现了单讲道理不伴以实践这种末流的弊害。荀子对此下过最适切的批评，他说：

> 正其衣冠，齐其颜色，嗛然而终日不言，是子夏氏之贱儒也。偷儒惮事，无廉耻之而嗜饮食，必曰，君子固不用力，是子游氏之贱儒也。(《荀子·非十二子》)

借由这种末流之弊，回顾弊害所出现的原因便可以想象子夏、子游的不同点了。

第四章

墨子及其后学

第一节 墨翟

上两章略述儒家的始祖孔子及其后学的两派，这里叙述受儒家影响而别成一家的墨家的学说。

墨家的始祖是墨翟。墨翟的传记很不明了，关于其生地也有鲁人说与宋人说。说他是宋人，是因他曾做宋之大夫而出现错误，因此鲁人之说是对的。关于他的生存年代，《史记》并记与孔子同时之说及后于孔子之说，不曾下断语；后汉张衡称墨翟与子思同时。[1] 今检《墨子》之书，载有墨翟曾事

1 见《后汉书 · 张衡传》。

宋昭公，后为大夫，后至齐见田和，则他大概是孔子死后百年的人，与子思同时而稍后。关于墨子的学系也有两种说法。第一，鲁惠公向周桓王请修郊庙之礼时，桓王遣史角与其事，后来史角止于鲁，墨翟学于史角的子孙。这一传说见于《吕氏春秋》的《当染》，如《汉书·艺文志》依此称墨家的渊源为清庙之守；但《吕氏春秋》的《当染》本于《墨子·所染》而成，《所染》中没有这个说法，且桓王与惠公并不同时。从这几点来推断，该说不足置信。第二，墨子最初学儒者之业，受孔子之术，以为其礼过于烦扰，后弃儒而自成一家。这一说法见于《淮南子》的《要略训》，较之《吕氏春秋》更晚，而且孔子与墨翟年代隔得很远，显然不能成立师生关系。但从现存的墨家文献上来看，墨家受儒家的影响而产生，终于自成一家应该是对的。

墨子的文献，《汉书·艺文志》中举七十一篇，隋唐《志》记十五卷，现存的《墨子》也分为十五卷，但其中十八篇有目无文，共存五十三篇。通观现存的五十三篇，至少可以区别为五种本子。

第一种，《亲士》《修身》《所染》《法仪》《七患》《辞过》《三辩》七篇。这七篇内容近于儒，其中引了子禽子的话，所以恐怕是墨翟、禽滑离这一派的人所传的本子，传述了墨家最早的思想。

第二种,《尚贤》《尚同》《兼爱》《非攻》《节用》《节葬》《天志》《明鬼》《非乐》《非命》《非儒》诸篇。这几篇，同名的篇目各有三篇，三篇的内容都大同小异。据《韩非子·显学》，墨子死后墨家分为三派，所以这些恐怕是三派墨家所传的各不相同的本子，由后人所集成，比第一种的七篇稍后。

第三种,《经上》《经下》《经说上》《经说下》《大取》《小取》等六篇。这六篇辑集名家言，即逻辑学派的话。结合《庄子·天下》中说的，南方之墨者苦获、邓陵氏之徒，诵《墨经》、弄诡辩，则这大概是邓陵氏一派的本子。

第四种,《耕柱》《贵义》《公孟》《鲁问》《公输》等五篇。这五篇叙述墨子的事迹，似是后来的学者集录的。

第五种，从《备城门》到《杂守》的诸篇。这几篇的内容是兵家言，从《汉志》的注来推测，刘歆所作《七略》这一目录著作中似有墨子的兵书十二篇。《备城门》以下诸篇中，载着临、钓、衡、梯等十二种攻防法，所以原本各法各成一篇，而这便是墨子的兵书吧。

以上五种，关于哲学思想的资料是第一种到第三种，将这三种加以比较及研究，可知墨家的思想是如何变迁。

墨子说，百工为方以矩，为圆以规，直以绳，正以悬，不论巧工与不巧工，皆以此四者为法，现在治天下、治大国也应有法度。那么，治天下大国应以什么为法呢？莫若法天。法天，换句话讲便是天所欲的便做，天所不欲的便不做。那么，天何所欲？天要人们相爱相利，不要人们相恶相贼，因为天是兼而爱之、兼而利之的。那么，如何知道天是兼而爱之、兼而利之的呢？天对于爱人、利人的“福之”，对于恶人、贼人的“祸之”便是。从前的圣王禹、汤、文、武，兼爱天下的百姓，率以尊天事鬼，利人的事情很多，所以天便福他，立为天子，天下的诸侯都宾事他；从前的暴君桀、纣、幽、厉，因为反乎其道以行之，所以天便祸他，终于使其失却了国度。由此，我们知道天要人相爱相利，不要人相恶相贼（《法仪》）。

由此可知，墨子的宗旨是兼爱，而兼爱便是天的意志。以兼爱为天的意志，与儒家的以亲爱之情（即仁）为天赋予人的自然之情相类似。只是儒家内省自己，视其为纯粹的心的情，而墨家正相反，把它看作功利的，随伴了相利才能全其兼爱。这个从功利方面观察的观念，正是儒与墨的分歧点。墨家既如此从功利方面考虑爱的结果，便力说强本而节用，说：“吾闻之曰：‘非无安居也，我无安心也。非无足才也，我无足心也。’是故君子自难而易彼，众人自易而难彼。……为其所难者，必得其所欲焉；未闻为其所欲，而免其所恶者也。”（《亲士》）又说：“志不强者智不达，言不信者行不果，据财不能以分人者，不足与友。守道不笃，辩物不博，辩是非不察者，不足与游。本不固者，末必几。”(《修身》）这便是墨子的强本说。

墨子希望节己欲，薄自奉，苦心劳身，为天下勤。他又力说“节用”：“古之民未知为宫室时，就陵阜而居，穴而处，下润湿伤民，故圣王作为宫室。为宫室之法，曰室高足以避润湿，边足以圉风寒，上足以待霜雪雨露，宫墙之高足以别男女之礼，谨此则止，凡费财劳力不加利者不为也。……古之民未知为衣服时，衣皮带茭，冬则不轻而温，夏则不轻而清。圣王以为不中人之情，故作诲妇人，治丝麻，梱布绢，以为民衣。为衣服之法，冬则练帛之中，足以为轻且暖；夏则绤之中，足以为轻且清，谨此则止。……古之民未知为饮食时，素食而分处，故圣人作诲男耕稼树艺，以为民食。其为食也，足以增气充虚，强体适腹而已矣。……古之民未知为舟车时……圣王作为舟车，以便民之事。其为舟车也，全固轻利以任重致远，其为用财少而为利多。……男女……真天壤之情，虽有先王，不能更也。虽上世至圣必蓄私，不以伤行，故……内无拘女，外无寡夫。……当今之君，其蓄私也，大国拘女累千，小国累百，是以天下之男多寡而无妻，女多拘无夫，男女失时，故民少。君实欲民之众而恶其寡，当蓄私不可不节。凡此五者，圣人之所节俭也，小人之所淫佚也。节俭则昌，淫佚则亡……”(《辞过》）盖节用是俭，强本是勤，勤与俭是计利的工作。墨家劝勤俭而计利，是因为他们以计民之利作为实现兼爱之理想的第一要件。如此地注重利，在儒家中不曾有过，这是儒家与墨家的分歧点。比诸孔子的时代，恐怕墨翟的时代社会情势变化，经济问题变得重要，所以他重视经济问题而改造儒教了。

以上是根据墨家的文献，尤其是第一种资料而研究的墨子的主张。这些文献以子墨子之言及子禽子之言为主，是墨家尚未分为三派时的说法。墨翟死后，墨家分为三派，叫作三墨。所谓三墨，《韩非子·显学》中说的“自墨子之死也，有相里氏之墨，有相夫氏之墨，有邓陵氏之墨”便是。上列的第二种文献，是传述这三墨时代思想的。

第二节　三墨

作为第二种文献，构成三墨时代思想中心的，自然是《兼爱》与《节用》。兼爱是墨家的理想，为了说明兼爱是天的意志，有了《天志》；为了教导同于天的意志，应实行兼爱，有《尚同》。但这些是第一种文献中已略略表现了的思想，并不是三墨的特征。三墨的特征，是说明兼爱之天志由鬼神传达给人类的《明鬼》，及排斥战争这一违反兼爱理想之事的《非攻》。又墨家主张节用，这已在上面叙述过了，到了三墨则过于强调节用而力说节葬与非乐。如其单单说兼爱与节用，不一定与儒相反；但是儒家以礼乐陶冶人心，发扬人情之美点，尤其重视丧礼。所以，到墨家主张节葬，力说非乐时，儒与墨便站在了正相反的立场上了。又，儒家说天命，而三墨则排除天命，倡非命说。他们说，回顾古来的历史，治乱源于王者的政治，而不是由于天命；又，判断万物的有与无是依靠我们人类的见闻，但我们不曾看见或者听过“命”；又，如其有命的话，那么人类将安命而不努力，人类如其不努力，那么财用便不足，政治便紊乱。从这三点不能不否定命的存在，这便是非命说的大概。力主非命说之必要，是为了使人类勤勉，也就是说，三墨的非命，是强本说的余波。如其单单主张强本说而劝勤勉，与儒并不相反；但到三墨否定天命，则必然与儒冲突了。因此，儒家极力排斥墨家，墨家也绝不屈服地非难儒家，第二种三墨时代的文献末尾有《非儒》一篇便因为此。儒家与墨家总是继续着剧烈的论争，在这论争之间双方玩弄着种种诡辩，为了正当地批判这些诡辩，于是逻辑学便在墨家之间发展成熟了起来。墨家文献中称为第三种的文献，便是这一逻辑学派的记录。中国历来称逻辑学派为名家，但因名家的崛起、隆盛是属于稍后的时代，所以我们这里暂不叙述，而移到道家的记载上去。

第五章

老子及其后学

第一节　老子

儒家与墨家都是出自鲁国的思想，两者虽则互相反对，但其间多少是有共通点的。道家是产生于宋而波及郑、楚的思潮，与儒墨稍有异趣。有人说道家思想不是中国的思想，而是由印度输入的外来思想，[1] 但我却仍旧以为儒墨的思想被压抑而成了道家。

道家的始祖是老子。老子，名耳，字聃（也写作耽），《史记》中说他是楚人，但从《庄子》所记其逸事来看，他似乎

1　特里安·德·拉克贝利（Terrien de Lacoperie）的“中国文明西方起源说”中的说法。

居住在宋国的沛。[1]又据《史记》，孔子曾经从老聃学礼，有如老聃是与孔子同时的先辈，但这恐怕是道家末流为了说老子比孔子更伟大而虚构的传说。这一传说在《庄子》的《天道》及《天运》中也有，但这几篇在《庄子》中也是比较新的文章，推定为近于秦汉之际的作品。所以《史记》采用的孔子问礼的传说，恐怕也是近于秦汉时产生的寓言，并不是很古的传说。《史记》又列记老聃的子孙，最后这位老聃的第八世孙解，做胶西王卬的太傅。胶西王卬，死于汉景帝三年（前154），以一代三十年来追算，老聃当是前154年的二百四十年前，即前400年左右的人，比孔子晚约百年。又据《史记》，孔子的子孙到汉武帝时已有十三代，但老子的子孙到景帝时只有八代，以此推断则老子至少应是后于孔子约百年的人。因此，老子是与孔子的孙子子思，及墨子大略同时而稍晚的后辈吧。[2]

据《史记》，老子在晚年辞周西游，从关守喜这个人的请要，写了《道德经》五千余言留存，现存有叫作《老子道德经》的上下两卷本子；但这部书从内容来推测，似是老聃去世一百二三十年之后，由其后学收集依靠口诵而传述的话编纂而成，混杂了很多后来的思想。所以要研究老子这个人的

1　清代姚姬传《老子章义序》。

2　拙著《老子原始》第一章。

思想，非从其中抽出很早的部分来研究不可。[1]

儒家的始祖孔子以提倡人类道德为主眼，对于人类的道德本诸于天所赋予人类的心的本质的这一点，只做哲学的研究；墨家的始祖墨翟也只是用“兼爱本诸于天志”这句话来说明同一意义。老子却更进一步，力说人类的道存于顺天之道，因此其根本便是天道。

“道可道，非常道；名可名，非常名。无名，天地之始；有名，万物之母。”（《老子》第一章）这一节是说儒家力说的仁道，及墨家力说的兼爱并不是普遍恒久的道，即常道，而只是适应于某时代的教。真正的常道是绝对的，并不是一时的、相对的。一切人类的知识都是相对的，人类的语言（即名）足以说明相对的事物，却不能说明绝对的常道。所以对于相对的现象（即万物），是各有其名的，但对于天地之始，即绝对的常道，却没有说明它的名。因此儒家所说的仁道、墨家所说的兼爱也是相对的，不是常道。道家便扬弃儒墨之道，而倡导绝对的常道。那么所谓常道是怎样的东西呢？老子说：

1　拙著《老子原始》第一章。

有物混成，先天地生，寂兮寥兮，独立而不改，周行而不殆，可以为天下母。吾不知其名，字之曰道，名之曰大。(《老子》第二十五章)

由此知老子的道是天地万物的本源，因为并不是人类道德那样小的东西，所以也把它叫作“大”。但是这个道是超越人类认识的实在，所以不能用人类的语言来形容。老子说：

视之不见名曰夷，听之不闻名曰希，搏之不得名曰微。此三者不可以致诘，故混而为一。(《老子》第十四章)

换句话说，老子的道是超越我们的视觉、听觉及触觉的实在，是唯一无二的存在。所以，老子又把道叫作“一”。

一生二，二生三，三生万物。(《老子》第四十九章)

昔之得一者，天得一以清，地得一以宁，神得一以灵，谷得一以盈，万物得一以生。(《老子》第三十九章)

上两章中称为“一”的，便是道的替代名词。道称为“一”，又称为“大”，是万物之本体的道，在数上意为唯一的存在，在量上意为最大的无限实在。因而老子的哲学是一元论，这一元的本体是周行于万物的普遍的东西，所以也叫作“大”。道是如此周行于万物的普遍的、独立而不改的、恒久的唯一实在，但又是超越人类认识的，所以不能用人类的语言来说明。但如其不加以说明，便没有使别人悟得的方法，所以老子便用“常”“无”“有”三个字来说明它。所谓“有”，是形容现象界（即万物）的话，现象是我们能够认识的，所以把它叫作“有”。但道是超越我们认识的，不能用我们的语言来形容，勉强要形容便只有说“不是有的东西”，即“无”。所以老子说：

其上不皦，其下不昧，绳绳兮不可名，复归于无物。是谓无状之状，无象之象，是谓惚恍。（《老子》第十四章）

万物之本体的道，是超越我们认识的，但由道而显现的现象则明明白白地存在，所以不能否定道的存在。但要形容这个道，“绳绳兮不可名”，如勉强要名状它，那么只能用并非现象界的万物的实在，即“无物”这句话了；所谓“无物”是不能名状的状、不能形容的形，即“无状之状、无象之象”之意。老子如此以“无”字来形容道；但所谓“无”，是“不是有的东西”的意思，并不是空无的意思。所以如果用肯定的话来形容，那么可以叫作惚恍。

> 道之为物，惟恍惟惚。恍兮惚兮，其中有物；惚兮恍兮，其中有象。窈兮冥兮，其中有精；其精甚真，其中有信。（《老子》第二十一章）

这里所谓惚恍、所谓窈冥，只是肯定地表现无状之状、无象之象。在惚恍窈冥之中，有精妙真实的作用，这种作用成了现象而显现出来，所以现象如柳绿花红般不违反春秋时节地动着。所谓其中有精、其中有信，便是这个意思。总之，老子虽则以“无”字来说明道，但它不是空无的意思，而是超越人类认识的实在的意思。那么，如何能够悟得超越认识的道并不是空无呢？我们可以依靠现象的存在来想象它。

> 夫物芸芸，各归其根。归根曰静，静曰复命；复命曰常。（《老子》第十六章）

这一节最能显示这个意思。现象界的万物芸芸地生成、变化，但不知在什么时候又归于原本的本体；这万物生成、变化而终于还到其本体中是自然的运命，随顺这命，便是复命；万物复命，是不论古今、不论东西永远在践行的永久不易的真理，所以可以用“常”来说明。这永久不易的真理，便是道的精妙真实的作用，因为有这个作用，所以道又可以叫作“常道”。因而，道是超认识的实在，但并不是超现象的存在，现象是道的作用的体现。总之，“常”“无”“有”这三个字是为了说明道为何物的语言，“有”是现象界的差别的存在，“无”与“常”是说明无差别绝对的本体。

一切现象是道显现的存在，不外于道的作用。但是人类相对地观察这现象，区分其高下，分别其难易，在这区别性见解之下思考一切。老子说的

> 有无相生，难易相成，长短相形，高下相倾，音声相和，前后相随。(《老子》第二章)

便是现象界的存在全是差别。从我们的知识上来看，现象界的万物都是如此地被区分的，但是，这是割裂在大道周行的过程中显现出来的变化而观察的，从道本身上来讲，万物都不是单独地存在。实在可以说“祸兮，福之所倚；福兮，祸之所伏”。(《老子》第五十八章)但人们总把祸福分开，避祸而求福。因此有了竞争，发生了祸乱，不能各自随顺这自然的运命。这不能不说是很违反道的行动。为避免这违反道的行动，老子教以濡弱谦下的方法。人类的认识全是区别开的，如其没有区别，人们便什么都不能认识。但是基于这种区别性的知识而行动，便远离了道的自然。基于区别性知识

而能随顺道的自然的方法，是人们无论什么时候都选择避高而就低、弃荣誉而守垢辱、辞强刚而就柔弱。所以老子说：

知其雄，守其雌，为天下溪。……知其白，守其黑，为天下式。……知其荣，守其辱，为天下谷。(《老子》第二十八章)

弱之胜强，柔之胜刚，天下莫不知，莫能行。(《老子》第七十八章)

上善若水。水利万物而不争，处众人之所恶，故几于道。(《老子》第八章)

这便是老子的处世术，濡弱谦下之说。

第二节　关尹

老子的后学其数很多，最有名的是关尹、列子及杨朱。这三人之中，关尹和杨朱似是亲炙老子的；列子虽不曾见过老子，但似通过关尹而受了他的影响。三人虽都祖述老子之学，但所主张的多多少少有点不同。《吕氏春秋 · 不二》中说“关尹贵清，列子贵虚，杨朱贵己”，便是最简单地说明了三人主张的特征。

据《史记》，关尹喜是周、秦国境间守关的人，当老子离开周而隐遁到秦地去的时候，他就老子受《道德经》五千言；但从道家的文献来推测，他仍似居宋、郑地方的人，似直接受教于老子。其著作虽有现在的《关尹子》九篇，但这是后世的伪作，不足信。因而要知道关尹的学说，我们没有直接的资料；幸而《庄子 · 天下》引了这个人的话，说：

> 在己无居，形物自著。其动若水，其静若镜，其应若响。芴乎若亡（忘），寂乎若清（静），同焉若和，得焉若失。未尝先人，而常随人。

借此可以知道他的思想。根据这段话可知，人们只要没有我执，便能显现自然的妙用。人们应如水一般、如镜一般，成为无心，以应万事，应芴乎如忘，又应寂乎如清，这是关尹的主张。其中“寂乎若清”的“清”字，是《吕氏春秋》中所谓“关尹贵清”的“清”字，是关尹学说的中心。那么“清”字是什么意思呢？“清”字与“静”字同音，古书中通用的例子很多，上引关尹的话中也以“寂乎”二字形容“清”字，所以“清”字定是“静”字的假借字。与《亢仓子》中说的“心正平而不为外物所诱曰清”合并起来看，可知“清”（静）是心不为外物所诱，即心不为物欲所乱的意思。换句话说，关尹将老子以濡弱谦下为处世箴言的教训，及人们当弃刚强就柔弱、避荣高就卑下的教训，翻译为主观的标准，倡导离去人类的欲便是随顺自然的大道。

第三节　列子

列子名御寇，是匿居郑的圃田的隐士，据说是郑缪公时代（前421—前396）的人。（缪公，《汉书》作缭公，《史记》作繻公，“缪”与“缭”同音相通，“繻”是“缭”字之误吧，裴驷《集解》一本作“缭”[1]）《列子·说符》及《庄子·让王》都载着列子不应郑子阳招聘的故事，子阳是死于缪公二十五年（前398）的人，依据这个传说也可知列子是缪公时代的人。因此，从生存年代上来看，他似是与老聃同时的后辈，但没有直接学于老子的记录。只是《列子·黄帝》中有他与关尹讲述故事的记载，恐是通过关尹而传述老子的思想吧。

1　参照拙著《老子与庄子》第79页。

关于列御寇的文献，现存《列子》八篇。《列子》八篇很驳杂，有人疑是后人的伪作，[1] 但是其中有很古的材料，适当地分解开来加以研究，可以概略地了解列御寇的思想。

老子把现象的本源叫作道，说明道生万物；列子把这叫作太易，说明太易生成天地万物的过程。所谓太易，是气、形、质三者融浑了的实在，因它是视之不见、听之不闻、循之难得的实在，所以称之为太易。太易的“易”字，与老子说的“视之不见名曰夷”的“夷”字同音相通；老子以“夷”字来形容道之超越视觉，列子便将之作为“道”的代替名称，叫作太易。太易变化起来，便分为气、形、质，清轻的上而为天，浊重的下而为地，冲和之气为人，天地含精，化生万物，但这也只是较精细地说明老子“一生二，二生三，三生万物”（《老子》第四十三章）的话而已。因此列子的哲学比诸老子，并没有大进步，只是在处世法中新增了“贵虚”。《吕氏春秋》论评的“列子贵虚”，便是指这一点。《列子 · 天端》篇中，有

> 或谓子列子曰：“子奚贵虚？”……子列子曰：“非其名也。莫如静，莫如虚。静也虚也，得其居也矣；取也兴也，失其所矣。”

1 参照拙著《老子原始》附录《列子冤词》。

的一条，很能说明其贵虚说。这里所谓“非名”，是舍弃人类的分别知虑的意思。人类为了舍弃知虑分别，第一是静，即离去欲，其次是守虚。所谓守虚，是虚心以去是非利害之念。因此，列子的所谓贵虚，是舍弃是非的判断，即知的判断之意。列子的老师关尹教以贵静弃欲；列子认为人类出现“欲”是由于有是非的分别，如其能够去掉这个分别，“欲”也不会发生了，所以比关尹的贵静说更进一步，倡导贵虚。

第四节　杨朱

杨朱的传记也很不明晰，不过《列子·黄帝》中载杨朱游南方沛的地方，受老聃教导的故事，可知他也是与老聃同时的人，是继承了道家思想的人。其著述也没有单独遗留下来，只在《列子》《庄子》《韩非子》等书中散见言论，尤其是《列子》中有《杨朱》一篇，其中有许多记载，所以可以想象其思想的大概。又《淮南子·氾论训》中说：“全性保真，不以物累形，杨朱之所立也。”借此可知他的主张在于“全性保真”四字。所谓“全性保真”，是保持人类的本性而不加损害的意思。将此与《列子·杨朱》中说的：

> 太古之人，知生之暂来，知死之暂往，故从心而动，不违自然所好，当身之娱，非所去也，故不为名所劝。从性而游，不逆万物所好，死后之名，非所取也，故不为刑所及。名誉先后，年命多少，非所量也。

比较考察，可知他以为名誉、贵贱、年命等不是人类的本性，满足当身之娱，即肉体的欲望是所以全性的。又同篇中有

> 生民之不得休息，为四事故：一为寿，二为名，三为位，四为货。有此四者，畏鬼，畏人，畏威，畏刑，此谓之遁人也。……不逆命，何羡寿？不矜贵，何羡名？不要势，何羡位？不贪富，何羡货？此之谓顺民也。

的话。依此可知他以为寿、名、位、货四者是违反人类本性的外诱，因此认为儒家的以仁义导人是借美名以贼人性，墨者的勤苦其身而为天下服务是愚蠢。总之，杨朱的主张是人类的本性只是色、食之欲，人不为别人谋划，又不害别人，只满足自己的欲望便行了。这初看似与老子的思想不相容，但实际是继承老子以随顺自然为人类之道的说头。杨朱认为自然的道在人类间显现的是色、食之欲望，满足这种欲望便是随顺自然，所以他也是道家的一派。

总之，老子的后学关尹、列子、杨朱这三个人，在哲学上都与老子相同，但说及处世法则有的贵清、有的贵虚、有的贵己，有所不同。

第六章

稷下之学

第一节　齐的稷下

前文叙述公元前500年左右到前350年左右的约一百五十年间的思想界大势。在此期间，墨家传布较广，儒家以鲁、卫为中心，在黄河以北的地方传布，道家以宋、楚为主，在黄河以南的地方拥有势力。公元前357年，齐威王即位，在位三十八年后宣王代之，宣王在位十九年，薨于公元前301年，这五十七年间是齐国最繁荣的时代，当时齐国的都城是文化中心，学者的渊薮。齐国据有北方山东，之所以有如此的繁荣，是因为威王、宣王两王招聘天下学士，此时集于齐国的学士据说有七十余人之多。[1] 当时齐国的都城是现在山东的临淄，

1　《史记·田敬仲完世家》。

都城周长五十里，开十三门，其南门叫稷门。之所以叫作稷门，是因为都城的南门临淄水，对着稷山，而当时集在都城中的学士在稷门之下获赐很好的邸宅，虽则不参与实际政治，却受列大夫的优遇，[1] 所以史家把他们叫作稷下之士，又综括他们的学说，叫作稷下之学。

此时游于稷下的著名学者，儒家中有孟子自邹赴齐，见宣王；墨家中有宋钘、尹文；道家中有环渊。孟子的学说一转而为《公羊春秋》之学；环渊的学说激发了田骈、慎到；墨家的影响在《晏子春秋》中留下印迹。总之，稷下之学的特征，是历来地域分化的思想在这个时代集在一处，互相影响而显现了折中的倾向，又因为不同的思潮合流而议论纷杂。

第二节　孟子

为概要地观察稷下学士，先一观孟子。

孟子，名轲，邹人，初学于子思的门人，学成后游说梁惠王，不久惠王死，襄王代之，他便成了襄王的人，遭厌恶后游于

1　《史记·孟子荀卿列传》。

齐。当时齐威王死，宣王刚即位，想把天下名士集于自己之下，所以由衷地欢迎他。到宣王伐燕，其志不遂，孟子便辞齐赴宋，游于滕，后又想仕于鲁，不得志，晚年归故乡，似专心于门人教育。集录他言论的有《孟子》七篇，[1] 借此可知其思想的大概。

孟子生于墨子之学与道家一派杨朱之说流行的时代，继承孔子之学，排斥杨墨，以宣扬孔子为己任。“天下之言，不归杨则归墨。杨氏为我，是无君也；墨氏兼爱，是无父也。无父无君，是禽兽也。……杨墨之道不息，孔子之道不著。……吾为此惧，闲先圣之道，距杨墨，放淫词，邪说者不得作。”（《滕文公下》）看了他的这一段话，便可知道其志何在。

他学于子思的门人，私淑孔子，愿学孔子。因此其观点只是祖述并发展了孔子的学说。孔子的道是仁，为完成仁，教以忠恕之法；孟子继承孔子的学说，也说“强恕而行，求仁莫近焉”。（《尽心上》）不过孟子更进一步，为给忠恕之法建立基础而倡导性善说。

据《论语》，孔子不曾论过性，因此性善说似全然是孟子的创说，但实际上，孟子只是改造孔子的天命说而为性善说

1　据《汉书 · 艺文志》，《孟子》似为十一篇，现在留存的只有七篇。今本是后汉赵岐削去十一篇本的外书四篇，留存内书七篇的版本。

而已。孔子的天命，是由天赋命的意思，从主观上来看，是我们人类心中先天地种植了的道德心，从客观上来看，是我们所遭遇的命运。孔子所说的“不知命,无以为君子也”的命，属于前者；当不协其意的时候，他叹息说“命矣夫！”的命，属于后者。孟子把孔子的所谓命，区分为两个概念。其主观的方面，显现人类的道德心，用“性”字；其客观的方面，显示命运的意思，用“命”字。因此孟子的性，是稍稍把孔子的命局限了的概念。

孟子如此地区分性与命，主张人性是善的。但是“性”从字的构造上来看，表示人出生的同时被赋予的心性，它自然有道德的欲望，可也不能说就不含有违反道德的部分；孟子本于什么，能断定人性是善的呢？要了解这一点，必须理解孟子如何解释人的精神作用。孟子以为人的精神作用，是由心与耳目实现的。换言之，据孟子说，心官负责在内思维的作用，耳目之官受了外物的刺激，负责感觉它的作用。当人受了外物的刺激而感受到它的时候，一定伴随着“欲”，如其随顺着欲而行动，不顾心的判断，那么种种的罪恶便发生了；反之，心在内思维，人如果在内思维而不欺瞒，那么，罪恶便不会发生。因此，人类的心本身是善的，当他为外物的欲所牵累时才出现恶。恶是受外物的欲所牵累而产生的，所以不是心的本性；在心的本性中，具备着判断善恶的良知与弃恶趋善的良能。因为人的心中先天具备这良知良能，所以人能够通过自己的内省直觉到善恶，把这直觉之处推广开来便能够完成仁道，而这就是忠恕之道。因此，孟子的性善说，是给孔子所说的忠恕之法建立基础的说明。

那么，孟子的所谓性善是何物呢？孟子说，人生而具有恻隐之心、羞恶之心、恭敬之心与是非之心。恻隐之心是仁之端，羞恶之心是义之端，恭敬之心是礼之端，是非之心是智之端。如人的形体有四肢附属，心内也具备这四端，所以人如其把这四端扩充开来,那自然会具备很好的仁义礼智这四德。因此，仁、义、礼、智不是从外部借来以修饰我的，而是我心中先天具备着的德性。我们希望长寿与富贵，但是我们处于不论怎样努力，也不能积蓄财产及保持长命的处境。这是因为生命与财产存在于我之外，能不能得到由命运决定。与之相反，仁、义、礼、智这四德不是存在于外部的，而是我们心中具备着的德，所以不论什么时候都能够直觉及实行它。依这一段话来看，孟子所谓善，是仁义礼智这四者，直觉及实行它的能力被叫作良知、良能。因为人心中先天具备能够直觉到它及实行它的能力，所以孟子主张人性是善的。

据孟子，人性是善的，恶是耳目感受到外物，引诱了心，使它产生了欲望而起的。换言之，心内省的时候不发生任何的罪恶，一旦为物所诱便发生了恶，因此心是善的，恶是外物引起的。于是，人类的修养在两个方面都有必要：一、积极方面，努力发挥良知良能的力；二、消极方面，努力使耳目顺从心的命令。为达到第一个目的，孟子倡“存心”；为达到第二个目的，孟子倡“求放心”。所谓“求放心”是

> 仁，人心也；义，人路也。舍其路而弗由，放其心而不知求，哀哉！人有鸡犬放，则知求之，有放心，而不知求。学问之道无他，求其放心而已矣。(《孟子·告子上》)

依据这一段话，便可以了解他的意思。因为所谓“放心”，是指心为外物所牵累，不能作正当的判断；所谓“求放心”，是使心不为外物的欲望所遮蔽，换句话讲，便是寡欲。所以，孟子说：

> 养心莫善于寡欲。其为人也寡欲，虽有不存（心）焉者寡矣；其为人也多欲，虽有存（心）焉者，寡矣。(《孟子·尽心下》)

寡欲，是为求放心的努力；求放心，是使不失人类的本性。其次，关于“存心”。

> 孟子曰："君子所以异于人者，以其存心也。君子以仁存心，以礼存心。仁者爱人，有礼者敬人。爱人者，人恒爱之；敬人者，人恒敬之。有人于此，其待我以横逆，则君子必自反也：我必不仁也，必无礼也。此物奚宜至哉？"（《孟子·离娄下》）

细味这一段话，可知存心便是自反。自反，换句话讲，是反身而使诚。所以他又说：

> 孟子曰："万物皆备于我矣，反身而诚，乐莫大焉。强恕而行，求仁莫近焉。"（《孟子·尽心上》）

这里"诚"与"恕"对用，与《论语》中的忠恕同意，诚便是忠的意思。因此所谓诚，是自己内省自己的心而不虚伪。孟子以为人类道德的法则都是我主观具备着的，所以人依靠反身而诚便能直觉到善恶。这一道德性是天赋予的，所以能够说：

> 诚者，天之道也；思诚者，人之道也。（《孟子·离娄上》）

总之，存心之本性，发挥良知与良能的积极努力，是诚；据御本心之放失的消极方法，是寡欲。“诚”的努力继承自孔子的忠，是儒家本来的修养法；寡欲说在历来儒教之中不曾看到，反而类似道家的主张。孟子或参酌了道家的说法也未可知。

孟子以为人先天地具备着道德性，直觉及实践它便是人类的道；他以为，政治也应该本诸这道德。因此，他的政治论以为陶冶人类的心性，保持和平的心情，实比改造社会以增进人民的福利更要紧。于是，他在见梁惠王的时候，竭力地讲应该丢开利而依据仁义。之后面对齐宣王，他也排斥齐桓、晋文的霸道，主张应保民而王。所谓保民而王，便是以德治民，不一定非依靠大国不可。于是，孟子在齐、梁两大国不得志之后，想借滕文公来实行他的理想。他对文公宣示政治的大纲：第一，兴学校，教人伦；第二，实施井田法，减轻租税，最重视这两端。关于第一项的教育，以契为尧之司徒，教以五伦（即父子之亲、君臣之义、夫妇之别、长幼之序、朋友之信）为理想；第二的井田法以文王之治为理想。

总之，孟子是反对风靡当时的杨朱、墨翟之学，祖述并发展孔子学说而成一家之人。他在思想史上的功绩有两点可以列举出来：第一，分拆孔子“命”的概念为“性”与“命”两者，主张性善论，为孔子的道德论建立了基础；第二，较之孔子以周公为理想，他以文王为理想，显示出明确的政治抱负。

第三节　春秋之学

关于孟子还有一点值得注意的，是他尊重《春秋》。据《论语》，孔子当作经典而引用的只有《诗》与《书》两经，孟子却于《诗》《书》之外又称引《春秋》。据《孟子》，《春秋》主要是记述齐桓、晋文事迹的历史，原本是成于史官之手的记录，经孔子修改，成了在隐微之间用褒贬话语寓儒教大义的著作。孔子自己也说，“其义则丘窃取之”（《孟子·离娄下》）。孔子作《春秋》的动机，是因为当时世道衰微，邪说暴行续起，有臣弑其君的，有子弑其父的，孔子要加以举诛，所以作《春秋》。孟子的时代也是圣王不作，诸侯放恣，处士横议，杨朱、墨翟之言盈天下的时代，所以孟子继承孔子作《春秋》的精神，要开先圣之道，距杨、墨，放淫辞，正人心（《孟子·滕文公下》）。由此可知孟子一生的努力，全是继承《春秋》的精神，其尊重《春秋》也可以理解了。孟子居留得最长久的是齐国，所以在齐国传布了《春秋》之学。

据《汉书·艺文志》,解释《春秋》的传有左氏、公羊、谷梁、邹氏、夹氏五家，其中公羊与邹氏是齐国产生的《春秋》说。

通览现存的《春秋公羊传》，其中引用公羊家先师说法的地方很值得注意。这些先师的名字集合起来，有（一）鲁子、（二）乐正子春、（三）子沈子、（四）子公羊子、（五）子北宫子、（六）高子、（七）子司马子、（八）子女子等八人。第一的鲁子似是曾子之误。第二的乐正子春，是曾子的门人。第三的子沈子不知是谁。第四的子公羊子,是传承《公羊春秋》传统的学者，据《公羊传》的“疏”中所引戴宏的话，可知是公羊高、公羊平、公羊地、公羊敢、公羊寿这一代代传承下来的家族成员。但公羊这个姓除《公羊春秋》的传承之外不大看到，只《礼记·檀弓》中有公羊贾。清儒洪颐煊说，这个公羊贾是《论语》里的公明贾，“羊”与“明”古音近，所以通用。这大概是正确的。果真如此，那公羊传承的公羊高是公明高，是曾子的门人；公羊地是孟子所引的公明仪吧，“仪”与“地”古音近。因此以上诸人是自曾子到孟子间传承公羊学的人。接下来，子北宫子与子司马子不知是谁,不过北宫与司马是齐国常见的姓。高子据说学于孟子，所以他们都是孟子游于齐之后，在齐国传承公羊春秋说的人们吧。果真如此，则可知公羊春秋说是孟子游于齐之后，在齐国传布的。据王应麟的《困学纪闻》,《春秋公羊传》中有很多齐国的方言，这也是公羊说在齐国产生及学习的旁证。

再看《公羊传》的内容，其开章明义便说：

> 元年者何？君之始年也。春者何？岁之始也。王者孰谓？谓文王也。曷为先言王而后言正月？王正月也。何言乎于王正月？大一统也。

《公羊》尊文王与孟子以文王之治为理想颇相类似。此外，《公羊传》中到处可以看到似敷陈《孟子》之文的文章。所以，公羊学定然是孟子的影响留在齐国的产物。

其次的《春秋邹氏传》在前汉末已亡,不传,所以内容不明。汉代的王吉通邹氏学，而且在王吉上宣帝的疏中，有：

> 春秋者，六合同风，九州共贯也。(《汉书·王吉传》)

一节。这“大一统”的话与《公羊》的说法相同,所以《邹氏传》似与《公羊传》的思想相同；下面的“九州共贯”的话，使联想到邹衍的九州说，所以《邹氏传》或是汲邹衍之流的《春秋》说也未可知。清末学者廖平的《公羊补证凡例》中说：

> 邹子游学于齐，传海外九州之学，与公羊家法同源，由中国以推海外人所不睹，由当时上推天地之始，所谓验小推大，即由伯以推皇帝。

这段话显示《公羊春秋》与邹衍的五行说、九州说之间有关联。再结合《春秋邹氏传》与《公羊》的思想相同这一点来看，可以想象《邹氏春秋》是邹衍一派的产物，也是受了孟子的影响，在齐国成熟了的春秋学说。

第四节　邹衍

邹衍，也写作驺衍，齐人，游于稷下，后为燕昭王之师，又赴赵，为平原君所信任，所以是比孟子稍后的人，在稷下应受了孟子的影响。《汉书·艺文志》中，邹衍的著作有《邹子》四十九篇、《邹子终始》五十六篇，今都不传。但《史记》的《孟子荀卿列传》中讲到他，并介绍他的学说，由此可以知其大概。

> 驺衍睹有国者益淫侈，不能尚德，若大雅整之于身，

> 施及黎庶矣。乃深观阴阳消息而作怪迂之变,《终始》、《大圣》之篇十余万言。其语闳大不经,必先验小物,推而大之,至于无垠。先序今以上至黄帝,学者所共术,大并世盛衰,因载其禨祥度制,推而远之,至天地未生,窈冥不可考而原也。先列中国名山大川,通谷禽兽,水土所殖,物类所珍,因而推之,及海外人之所不能睹。称引天地剖判以来,五德转移,治各有宜,而符应若兹。以为儒者所谓中国者,于天下乃八十一分居其一分耳。中国名曰赤县神州。赤县神州内自有九州,禹之序九州是也,不得为州数。中国外如赤县神州者九,乃所谓九州也,于是有裨海环之,人民禽兽莫能相通者,如一区中者,乃为一州。如此者九,乃有大瀛海环其外,天地之际焉。其术皆此类也。然要其归,必止乎仁义节俭,君臣上下六亲之施。

以上是《史记》所介绍的邹衍的思想。依据这段话,邹衍学说的出发点与结论本与儒家的主张相一致,其中只有五行说、九州说不同,恐怕邹衍学习了因孟子游齐而在齐国传布的儒家学说,将后者对于《春秋》的看法进一步推及未知世界吧。换言之,在历史上,他归纳大家知道的事实,论断时势是由于木火土金水的五行消长而推移的,然后依据这五行消长的法则想象历史以前，且预测将来。在地理上，他以人们所目睹的九州为基础，以九乘之来想象未知的世界。果真如此，则邹衍的五行说中也有孟子的影响。

总之，孟子赴稷下的结果是儒家学说在齐国传布，公羊春秋说与邹衍的五行说在此地确立。《公羊春秋》的思想进入汉代，待董仲舒出便风靡一世；邹衍的五行说不久影响到渤海湾海岸的方士，产生了神仙传说。

第五节　田骈与慎到

老子的弟子中有一位叫环渊，从楚国游于齐国，把道家思想输入稷下，但现在没有资料可以知道其思想内容。不过，我们幸而还能够略述受了他影响而出现的田骈与慎到二人。

田骈，齐人，学于稷下，晚年事孟尝君，似曾赴薛。其著作有《田子》二十篇，今不传。慎到，赵人，游学于稷下，晚年似曾赴楚，不详。他也有《慎子》四十五篇，但现在只传宋代滕辅注解的残缺本，完本未见。因此，由这点材料来阐明他们的思想颇为困难，幸而《庄子 · 天下》概括地介绍了他们的主张，可以知道其大略。

《庄子 · 天下》中载有田骈、慎到学于彭蒙的事，其对三子学说的概评如下：

> 公而不党，易而无私。决（缺）然无主，趋物而不两，不顾于虑，不谋于知，于物无择，与之俱往。古之道术有在于是者，彭蒙、田骈、慎到闻其风而悦之。齐万物以为道，曰："天能覆之而不能载之，地能载之而不能覆之，大道能包之而不能辩之。"知万物皆有所可，有所不可，故曰："选则不遍，教（校）则不至，道则无遗者矣。"

由此可知，彭蒙、田骈、慎到三人把舍弃自己的知虑，齐视万物，叫作道。天地万物当然各有长处和短处，本诸人类的知虑而下判断则生优劣，但这是人类看到的优劣，并不是物本身的优劣。万物从它本身来讲都是绝对的，在绝对性这一点上都是平等的。所以人类应该舍弃自己的知虑，观察万物平等的点。这是这三人的主张。舍弃人类的知虑，是弃知；把万物看作平等，是齐物；所以三人的主张可以简约成"齐物弃知"四字。所谓弃知，是舍弃人类的是非判断之意，而这个主张是列子的贵虚说中已显现了的思想，所以这三人的观点恐怕是从列子的贵虚说出发而发展的。

三人虽说都主张齐物弃知，但其间又自有轻重之差，不一定是同一思想。

《吕氏春秋·不二》说“陈骈贵齐”，其中所谓陈骈便是田骈。特地说田骈是贵齐之人，是暗示贵齐说的代表者是田骈。由《吕氏春秋》的注中“陈骈齐生死、等古今”这句话来看，其思想与《庄子·齐物论》中的思想类似，所谓死生，所谓古今，原是连续的事物，人们执着于这个连锁的一个局部，区别前后，或悲或喜，是错误的。

其次，《庄子·天下》介绍慎到的学说，说慎到弃知去己，全任万物的自然而不加以干涉，以为道理。他还首先排斥人类的知虑，然后嘲笑天下之人尚贤，主张依法行刑。《荀子·解蔽》杨倞的注中也说：“慎子本黄老，归刑名，多明不尚贤，不使能之道。故其说曰：‘多贤不可以多君，无贤不可以无君。’其意但明得其法，虽无贤亦可以治，而不知法待贤而后举也。”依此比较，可知慎到注重弃知说，反对墨家的尚贤说，主张由法以致治。因此，田骈与慎到都立脚于列子的贵虚说，主张舍弃人类的知虑。其中田骈在逻辑上更进一步，舍弃人类的知的批判，着眼在万物都是绝对平等这一点，倡齐物说。慎到虽则根据弃知说而毁谤圣人，但天下如自然放任便不可收拾，而为收拾天下就应该制定法，以法来治，不可依赖千百年只出来一两个的圣人。因此，他们两人虽都从列子的贵虚说出发，但前者在逻辑上发展它，到达齐物哲学；

后者在实际上应用它，转换成尚法主义。前者的哲学成了庄周的先驱；后者的主张成了韩非的渊源。所以，慎到是道家转而成为法家的转换期的人物。

第六节　管子之书

我们在前节中，叙述稷下的道家渐渐转为法家。这里试举《管子》中的道家言论作为一个实例。

《管子》八十六篇，历来传为管仲的著述，但其中最早的《经言》包含非战国时代不能讲述的记事，最早也只能追溯到宣王。这部书恐怕是稷下学问风靡一时之后，齐人托诸管仲以自重的著作，仍应看作稷下学问的余韵。其内容颇为驳杂，新旧资料混淆，思想矛盾之处也不少；但大体上看，道家与法家的思想占主要部分。其中最道家式思想的是《心术》上下篇、《白心》及《内业》，其中《内业》略与《心术》上下篇的内容相似。这些篇多存有韵的文章，有些与老子《道德经》相仿，恐怕是稷下道家所传诵的话。仔细研究这四篇的内容，可见弃知说与尚法说。例如：

心处其道。九窍循理。嗜欲充益，目不见色，耳不闻声。

道不远而难极也。与人并处而难得也。虚其欲，神将入舍。扫除不洁，神乃留处。

洁其宫，开其门，去私毋言，神明若存，纷乎其若乱，静之而自治。强不能遍立，智不能尽谋。……故必知不言、无为之事，然后知道之记。

人之可杀，以其恶死也；其可不利，以其好利也。是以君子不休乎好，不迫乎恶，恬愉无为，去智与故。

上列四条都是《心术》中的话，开头两条说应该虚嗜欲，近于关尹、列子的静虚说；后面两条斥智与巧，近于田骈、慎到。至于《白心》中说的“圣人之治也，静身以待之，物至而名自治之。……名正法备，则圣人无事”，则有如听到了慎到的尚法说。《经言》诸篇中主张，为张国之四维的礼义廉耻而应该明法令、审赏罚，法家色彩更浓厚了。考察这几点，便可以想象，在稷下，道家思想渐渐转为法家，转换期中的代表者是慎到。

第七节　太公书

稷下的道家学者，依托辅佐桓公霸业的管仲作《管子》已如上文所述，他们又依托齐国的建国之祖太公望吕尚，作《太公书》。据《汉书·艺文志》，《太公书》有《谋》八十一篇，《言》七十一篇，《兵》八十五篇，合计二百三十七篇，其下班固的原注中说“或有近世，又以为太公术者所增加也”，所以这恐怕也是稷下学者所增益改作的。这些书已亡佚不传，所以不能知其详细。但《史记·齐世家》中说：“周西伯昌之脱羑里而归，与吕尚阴谋修德，以倾商政，其事多兵权与奇计，故后世之言兵及周之阴权者，皆宗太公为本谋。”综合两方面考虑，可知《太公书》的内容是以兵家言及阴谋家言为中心的。现在著名的兵家之书，有《孙子》十三篇、《司马法》及《六韬》。其中《孙子》十三篇被当作仕于吴王阖闾的孙武的著作，仔细考察其内容，似是齐孙子即孙膑的书。[1]《司马法》是齐威王使其大夫追论司马的兵法，且附加了穰苴的兵法，[2] 所以是稍前于稷下盛时的兵法，道家思想的影响很微薄。《六韬》便

1　参照斋藤拙堂的《孙子辨》及拙著《老子原始》附录《孙子十三篇的作者》。

2　《史记·司马穰苴列传》。

很受道家思想的影响。“六韬”分文、武、虎、豹、龙、犬六韬，是《梁录》《隋志》以后才著录的著述，从它被叫作《太公六韬》这一点上来推测，恐怕是后人对太公《兵》八十五篇遗编的改写，其中应残留着太公兵书中的话吧。书中有很显著的道家的影响，又有战国以后的话，便是因为成于稷下学士之手，更经六朝人修改的缘故。

又据《史记 · 苏秦列传》及《战国策》，苏秦游说各国，不得志而归时，闭居一室，读太公阴符之谋，简练揣摩。所谓“阴符之谋”，恐怕便是太公的《谋》八十一篇吧。梁代阮孝绪《七录》中载《太公阴谋》六卷，《群书治要》中抄录一部分，不过此书也已亡佚，所以全书不明。但被看作省略苏秦之书的《鬼谷子》[1]的末尾有《符言》一篇，或许是荟萃太公阴符的要点；据此知太公阴符之谋中也有道家的影响。《鬼谷子 · 符言》由主位、主明、主德、主赏、主问、主因、主周、主参、主名九条而成，内容与《管子·九守》一致，同时一部分与《六韬》的《大礼》及《赏罚》也一致，故所谓太公的兵家言与阴谋家言，与《管子》也相通，大概是稷下盛时的文献。依靠太公的《兵》，兵家言确立；借由其《谋》，苏秦的纵横术出现。这是很有意

1 《汉书 · 艺文志》中载苏秦之书三十一篇，今不传；现存的《鬼谷子》是苏秦之书的简编吧。

思的问题，说明当稷下盛时，道家言一方面转为法家言，但另一方面又影响到兵家言，更促进了纵横家的崛起。

第八节　稷下的墨家

墨家的始祖墨翟，据说曾经到齐国见过田和，传承其学说的人中也有齐人，所以墨家在齐国传布不一定始于威王、宣王的时代，在更早的时代大概就存在了。威王、宣王时集于稷下的这一派的学者，可举宋钘与尹文两人。

宋钘，宋人，思想系统不明了。荀子把他和墨子合评，可以认为其为墨学者。宋钘，《孟子》中写作“宋牼”，《庄子》及《韩非子》中写作“宋荣子”。“牼”“荣”是“钘”的同音字，所以可以通用。《庄子·天下》评述宋钘的学说说：“以禁攻寝兵为外，以情欲寡浅为内。”所谓禁攻寝兵说，继承墨家的非攻说；为要给其以基础，他倡导情欲寡浅说。所谓情欲寡浅说，是说人类的情欲本来并不是很大，只要能保证自己的生活便满足了，但因为种种的误解出现错觉，这错觉成了本源，便引发了巨大的欲望。例如，别人侮辱我，我感到被侮辱，便产生了恢复名誉的欲望，与别人争斗。但侮是别人，感到辱的是我，自己与他人全然不同，所以他人的侮碰到我身上，没有感到辱的必要。如其不感到侮辱，争斗便不会发生了。一切争斗的原因都是混同了内外的区别，把外部的事情受到自己身上来，如果内外的区别明确，人类的情欲便极寡浅，便没有成为争斗之源的事情了。这是他的主张的大要。《庄子·逍遥游》中评述宋荣子，说他潜心于定内外之分，辨荣辱之境，而不顾毁誉。《庄子 · 天下》中说宋钘“接（知）万物以别宥为始”，恐怕便是指上述的主张。

接下来，尹文是何地之人、研究何种学问都没有明了记录。刘向《别录》的佚文中，有“（尹文）与宋钘俱游稷下”的话，《庄子 · 天下》中把他与宋钘合评，综合来看，可以认为他与宋钘一样，也是墨家一派的人。现存《道藏》中存魏仲长氏编定的《尹文子》二篇，学者之间信疑参半，未见定论，但我们借由《庄子 · 天下》知道他大体上与宋钘的思想相同。再注意到他的著作在《汉书》中著录在“名家类”，则他大约是对于“别宥”（即概念的分析、名实的关系）特别用力之人，是后起的公孙龙子等的先导者。

关于稷下的墨家言，还有一句话不能不讲，即《晏子春秋》。此书被当作记录晏婴言行的著作，但恐怕是稷下学士托诸晏婴行事以述自己的主张，其中混有墨家言。因此，如柳宗元所说，它是后世墨家之徒的著述吧。但据《史记 · 孟子荀卿列传》，稷下学士淳于髡博闻强记，慕晏婴之为人，因此它也可能成于这些人之手。总之，现存《晏子春秋》确定有一些墨家思想的影响。

第九节　稷下学士分散

威王、宣王两代是齐国文化的黄金时代，在这个时代，各方面思潮都合流到齐国，互相刺激，所以各方面都有极大的进步。例如在儒家方面，孟子从孔子的天命说出发区分性与命，倡性善说；在道家方面，田骈继承了列子的贵虚说，创造万物齐等的哲学，各方都显示出前所未闻的精微。物穷自然生变，在儒家方面，曾子派的发展至此告一段落，子游派开始抬头；在道家方面，慎到的一派分裂，开始转向法家；在墨家方面，思想的中心从兼爱说移到寝兵说，而为给寝兵说建立基础，他们注意到了概念的分析，暗示着逻辑学派的勃兴。在这几点上，稷下的思想都有很重要的意义。

但宣王薨，其子湣王立，奋发二王的余烈，在南方侵伐楚国的淮北、灭宋，在西方摧三晋、却强秦，邹、鲁的君主及泗上的诸侯都执臣礼。但他因此而非常骄慢，不听从学士的谏言。不久，秦、韩、魏、燕、赵等五国合力伐齐，王逃奔莒，稷下学士也分散到四方去了。在此之前，大国国君如齐宣王、梁惠王，招接宾客，以期有助于振作国势;但自此以后，诸王的权力归于公子之手，公子们起而代之招接游士。其中最著名的是齐国的孟尝君、赵国的平原君、魏国的信陵君及楚国的春申君四人，四国政治的实权都在四君手中。历史学家把这个时代叫作四君期。这四君都争竞把人才招集到门下，夸称食客之多,所以学士自稷下分散后,大多集于他们的门下。换言之，田骈逃离齐国赴薛，寄食于孟尝君；宋钘、尹文的后辈公孙龙，仕于赵国的平原君；稷下分散后刚刚到齐国的荀子，也因了谗言奔楚，成了春申君的客。于是稷下的文化分散于四君门下。逃薛的田骈影响了庄周；赵国的公孙龙与桓团等论战诡辩，促进了逻辑学派的繁盛发展；最后，荀子在楚国创造了兰陵的文化。

以下试另列三章，以叙述他们的思想学说。

第七章

庄周及其后学

第一节　庄周

庄子，名周，字子休，宋国蒙人，据说曾作蒙的漆园吏。《史记》说他与齐宣王、楚威王同时，但《初学记》卷二十七所引《韩诗外传》记楚顷襄王曾遣人聘请他的故事，《庄子 · 说剑》记庄子谏赵惠文王的故事。楚顷襄王是前 298—前 263 年时的人，赵惠文王是前 298—前 266 年时的人，则庄子也大约是这个时候的人，稍晚于孟子。[1]

可供研究庄子学说的资料，有现存的《庄子》三十三篇，[2]

1　参照拙著《老子与庄子》中“庄周的年代”条。

2　参照拙著《老子原始》附录《庄子考》。

大别为内篇七、外篇十五、杂篇十一。据说内篇七篇是庄周的手笔，其余的是后学附加的。但是仔细研究，内篇中也混入了很晚的文章，实难判断哪一些是真正的庄周的学说。不过广集先秦著述中品评庄子的话来推究，则其学说的中心是齐物说及全性说，前者在《齐物论》中论述，后者在《养生主》及《逍遥游》中论述，所以把这两点当作庄周的思想应是很适当的。

庄周的齐物论继承田骈的贵齐说，田骈把生死古今看作齐等，庄周也表达相同的思想。田骈是齐宣王时代居于稷下的学者，庄子稍晚于田骈，似乎不曾去过稷下，但前者也于晚年离齐赴薛，薛又与宋很近，则庄周受田骈影响是他移薛之后的事吧。

《齐物论》说："天地与我并生，而万物与我为一。"但是人们都不明白这"为一"之理，常常区分万物，争是非真伪。这完全是因为"道"隐而不明，"言"流于浮华而不尽真理。所以它说："道恶乎隐而有真伪？言恶乎隐而有是非？道恶乎往而不存？言恶乎存而不可？道隐于小成，言隐于荣华。"换言之，是非真伪的区别之所以显现，是因为人们不见全体而执着于局部。天地间的万物是相因存在，可以说"彼出于是，是亦因彼"。而且，它们不单在空间方面互相依存，在时间方面也是相因的，因此在这里叫作死，在那边就叫作生，定然是“方生方死，方死方生”。一切现象都是如此地在空间及时间两方面相因地存在，所以万物成一个体系而存在，而不能孤立地存在。把这个和那个分离开来，加以是非然否的批判便是错误的。一切现象在一方面有“可”的地方，在另一方面定有“不可”的地方；但这可否的评价，是因为偏于一方面而起的，从“道”的全体上来看，既没有“可”，也没有“不可”，万物是一体的。现象如轮转的环，站在环的左面来看右面，左面看上去很好，右面看上去很坏；站在上面来看下面，上面看上去很好，下面看上去很坏。但这些都是偏于一方面的见解，不是公平的判断。如果要下公平的判断，非站在环的中央来看不可；而一站到环的中央，彼此的相对便自然地消失了，一切现象都是无穷无尽地在运转。这个彼此对立消失的境界，被叫作“道枢”。

万物都出于道，但都是道的一个局部而不是全体。于是甲与乙相对立，便出现了优劣的比较；但是万物都出于道，都有着应该如此的理由，从这一点上来看，万物都是绝对的、平等的，这叫作“天钧”。“天钧”也写作“天均”，是“自然的平等”之意，指万物本身的绝对性。于是庄子说，人们居住在这个世界上，应该“和之以是非，而体于天钧”。所谓“和之以是非，而体于天钧”，是舍弃人类的知识而随循自然的平等性之意。

庄周的哲学脱胎于田骈已在上面叙述过，但他的处世论出于杨朱。前文已述，杨朱的主张用一句话来概括，可以归诸“全性保真”这四字。庄子也在《养生主》中说：

为善无近名，为恶无近刑，缘督以为经，可以保身（真），可以全生（性），可以养亲（身），可以尽年。

这是强调全性保真说。依据这一段话，庄子是说不为了名而行善，也不作那触犯刑罚的恶，如果依据人类身内的欲求而行动，便能保其本真、全其本性，养身，全天年。这与杨朱的思想全然相同。又，杨朱为了全性保真，说非舍弃寿、名、位与货四者不可；庄周也在《逍遥游》中力说非去掉名、功与己不可。名与功相当于杨朱的名、位与货，只“己”这一个字杨朱未说。如孟子所非难的那样，杨朱是利己主义的人，特别重视“己”，所以不敢说去己；庄子却教导说，己也要舍弃。庄周的去己是舍弃以自己为标准的是非利害判断，而应依据万物齐同之理，悠悠自适；他之所以主张去己，是吸收了田骈的贵齐说的结果。于是到了庄周，他巧妙地把田骈的哲学与杨朱的处世论结合起来，成了一家之学。人类的真性被杨朱解释为色食之欲，但据庄周则是舍弃是非判断、彼我相对时显现的自然之真性。

第二节　庄周后学的天均说

前面已经说过,《庄子》的外、杂篇是庄周后学附加的,成立年代各不相同,其中的思想也自然不同。因此在这部小著述中,不可能仔细叙述这些部分。此处单就下列二点叙述:成为庄周齐物说之中心的“天钧”思想之进化;对于全性说的性的思想之进化。

《齐物论》中的“天钧”是自然均平之理的意思,而《寓言》中有“万物皆种也,以不同形相禅,始卒若环,莫得其伦,是谓天均。天均者天倪也”一句,即天地间万物由同一种子而出,变化为种种形状,如环一样地回旋,这叫作天钧,也叫作天倪。“天倪”是“天礶”的假借,“研”字与“礶”字同义,则这大概是把天地万物的变化回旋比之于磨石的回旋。因此,天钧也成了自然的陶钧之意,而不是均平齐等的意思了。《至乐》进一步说明万物的变化的状态:

> 种有几,得水则为继,得水土之际,则为蛙嫔之衣,生于陵屯,则为陵舄。……青宁生程,程生马,马生人,人又反入于机。万物皆出于机,皆入于机。

这一段文章中的“万物皆出于机，皆入于机”的“机”字，与“种有几”的“几”是同一个字，把它与《寓言》中“万物皆种也”比较起来思考，可以想象《寓言》与《至乐》的作者认为，天地间万物的变化是由生物学上的同一种子产生并不停旋转变化所致。与庄周《齐物论》中的思想相比，这是变化甚大的思想。现存的《齐物论》的底末有

> 昔者庄周梦为胡蝶，栩栩然胡蝶也，自喻适志与，不知周也。俄然觉，则蘧蘧然周也。不知周之梦为胡蝶与，抑胡蝶之梦为周与。周与胡蝶，则必有分矣，此谓之“物化”。

物化的思想也要与《寓言》与《至乐》的思想对勘才能理解，大约不是庄周自己的思想。因为《齐物论》的后半部分混入了外篇的文章，记载有比前半稍后晚思想。[1] 所以前半部分把天钧用作自然均平之意，后半部分却用天倪来代替了天钧。天倪即天研，是把宇宙譬诸陶钧或礦旋。

1　参照拙著《老子原始》附录《庄子考》。

第三节　庄周后学的复性说

上文已述，庄周的处世道德可归之于“全性”二字，但庄周后学中有人从全性转倡复性。

> 泰初有无，无有无名；一之所起，有一而未形。物得以生，谓之德。……留（流）动而生物，物成生理，谓之形。形体保神，各有仪则，谓之性。性修反德，德至同于初。(《天地》)

上列一节是说人性的本源在于泰初的无，修性便是复归于泰初。复归于泰初叫作复初，修其性叫作反性或者复情。那么反性或者复初，如何才能做呢？《缮性》中说反性之道，在于养恬，《刻意》中说，在于去知巧而合于虚无，恬淡天德。这些都是庄周不曾明言过的思想，是庄周后学发展的。

第八章

逻辑学的发展

我们在稷下的墨学学者宋钘、尹文的学说中，已经看到了逻辑研究的曙光。这并不专于稷下的墨者，《庄子 · 天下》中说“相里勤之弟子王侯之徒，南方之墨者苦获、已齿、邓陵子之属，俱诵《墨经》而倍谲不同，相谓‘别墨’，以坚白同异之辩相訾，以奇偶不仵之辞相应”。所以我们可知南方的墨者也关心到这种问题。这种辩论的代表者，当推惠施与公孙龙。

惠施，宋人，事梁惠王，惠王死后事襄王，为相九年，为张仪所逐，奔楚，楚怀王送之回宋，后来似死于宋，但不清楚详细之事。他大概是梁襄王时代（前 318—前 284）的人。惠子非常博学，藏书充五车，好诡辩，《庄子 · 天下》中载其辩十条：

一、至大无外，谓之大一；至小无内，谓之小一。

二、无厚不可积也，其大千里。

三、天与地卑，山与泽平。

四、日方中方睨，物方生方死。

五、大同而与小同异，此之谓小同异；万物毕同毕异，此之谓大同异。

六、南方无穷而有穷。

七、今日适越而昔来。

八、连环可解也。

九、我知天下之中央，燕之北，越之南是也。

十、泛爱万物，天地一体也。

上列十条中的最后一条，有“泛爱万物”一句，依据《韩非子·七术》中载惠施说偃兵来看，可知惠施也是墨者。又第四条与田骈及庄周把古今死生看作齐等的思想相同，总之是表示时间观念无限地连续，没有今昔的区别。既然没有今昔的区别,那就可以如第七条那样,说“今日适越而昔来”。再次，第六条是说空间观念的无限，因为把空间看作无限，所以就可以如第九条那样，说“我知天下之中央，燕之北，越之南是也”。既然时间无限地连续，空间无限地扩展，而天地间万物都处于时间及空间的某一位置中，那可以说天地万物都是一体的。既然天地万物都是一体的,就可以主张平等地爱一切，即泛爱万物。换言之,惠施通过时空的无限确认万物是一体的，从而表明墨家的兼爱说是协于理的教导。

当惠施施展上列那样的“辩”的时候，当时的辩者桓团（韩檀）、公孙龙之徒也以辩应之。桓团不知道是何人，公孙龙则是赵人，似事平原君，常主张偃兵，从这一点上来看，他也定是墨者，恐怕是尹文之徒吧。《庄子 · 天下》载有他们的诡辩二十一条，《列子 · 仲尼》载有公孙龙的诡辩七条。试摘录数条于后：

一、卵有毛。

二、丁子有尾。

三、狗非犬。

四、孤犊未尝有母。

五、有影不移。飞鸟之影，未尝动也。

六、轮不碾地。

七、镞失之疾，而有不行不止之时。

八、一尺之捶，日取其半，万世不尽。

九、白马非马，坚石非石。

十、日不见。

十一、火不热。

其中从第一条到第四条怀疑变化、第五条与第六条怀疑运动、第七条与第八条怀疑时间与空间、第九条怀疑形名的关系、第十条与第十一条怀疑人类的知识，都是怀疑论的。与此相对，

《墨经》中隐约有想解决它的印迹。

所谓《墨经》，是《经上》《经下》《经说上》《经说下》《大取》《小取》等六篇。最后的两篇是其概论，《大取》说述墨家的宗旨，《小取》叙述辩论法。《经》上下篇述说在名家之间成为问题的名辞的定义，而《经说》上下两篇是其说明。这六篇写于何时尚不明了，但因为其中处理到惠施与公孙龙议论过的问题，怕是在他们之后集积的。

初看《经》篇的内容，其中除了关于政治道德的名辞定义之外，也有关于数学、物理学似的定义，颇为驳杂，不过关于知识论的条目最值得注意。

《经》	知，材也。 知，接也。 智，明也。
《经说》	知材。知也者，所以知也，而必知，若明。 知。知也者，以其知过物而能视之，若见。 智，智也者，以其知论物而其知之也著，若明。

上列三种知中，第一种的知是认识能力，第二种的知是知觉作用，第三种的智是知觉作用与认识能力相结合而生的知觉表象。据《墨经》，人类的知识是具备了这三种要素之后

产生的，所以如“目不见”这样的事情也的确可以如此思考。我们认识客观，首先是要知觉作用活动。知觉作用的器官是耳目口鼻体五官，《墨经》把它们叫作五路。我们的知觉大抵是通过这五路而知觉到的，但也有不通过五路的知觉，这是时间的知觉。

> 知而不以五路，说在久。(《经下》)
>
> 智以目见，目以火见，而火不见，惟以五路智，久不当以目见，若以火见火。(《经说下》)

“久”字《经上》中说:“久，弥异时也。”《经说上》中说:“久，古今旦暮。”对比二者，“久”是时间观念之意甚明，因此可知时间的知觉被当作不通过五路的、特别的知觉。又,《经》及《经说》中，与“久”字相并说明着“宇”字:

《经上》	久，弥异时也。
	宇，弥异所也。
《经说上》	久，古今旦暮。
	宇，东西南北。

这里与“久”字对用的“宇”字，是空间观念的意思吧。

现存的《墨经》中,对于把久即时间观念作为不由五路的知觉,及宇即空间观念没有说明的话，恐怕是现存《墨经》脱佚的缘故;在原本中，定然说明过宇也是不由五路的、特别的知觉。这样《墨经》就证明了时间与空间的观念即便不通过感觉器官,也能作为人类的知觉而存在。一切经验离开了时空的观念是不能成立的，两物在同一空间而异其时间被体验时，叫作变化;所谓“卵有毛”“狗非犬”,便是蔑视这一变化概念的诡辩。又，同一东西由于异其时间且变换空间而被体验时，叫作运动；如所谓“有影不移”“飞鸟之影，未尝动也”，便是蔑视运动概念的诡辩。在同一时间、同一空间被体验时,便是相同,因此所谓“白马非马”“坚石非石”是蔑视时间与空间观念的诡辩。所以《墨经》说：

> 不坚白，说在……无久与宇。(《经下》)
>
> 于石一也，坚白二也，而在石。(《经说下》)

《墨经》如此地整理公孙龙等的诡辩，所以其成立定在他们之后。因为墨家的末派因论辩的需要，渐渐地注意到名辞的研究，而惠施、公孙龙的诡辩是脱离本题之物。这种诡辩在《墨经》中已经大体被整理，后来到了荀子的《正名》篇，变成了最简明的逻辑学。

第九章

荀子及其门下

第一节　荀子

四君期最后的学者，是荀子。荀子，名况，赵人，齐王建（前264—前221）初年，年五十游齐。此时稷下的学者都已在襄王时代（前283—前263）死去，荀子袭列大夫之后，三为祭酒，被尊为齐国的老师，但后来遭谗言而去齐赴楚，投春申君，春申君以为兰陵令。及春申君被杀（前238），荀子也被废官，便在兰陵度过晚年。关于他的著述，《史记》说：

荀卿嫉浊世之政，亡国乱君相属，不遂大道而营于巫祝，信禨祥，鄙儒小拘，如庄周等又滑稽乱俗。于是推儒墨道德之行事兴坏，序列著述万言。

其中所说的“营于巫祝，信禨祥，鄙儒小拘”，恐怕是说邹衍的五行说流行之后，齐国的思想界变得很迷信。依此可知当时的社会迷信很盛，加之如庄周天马行空似的议论流行，缺乏实质，所以荀子叹息，品评儒、墨、道德等一切学说而自立一家。他评论以前的诸子说：

> 墨子蔽于用而不知文（由用谓之，道尽利矣）。宋子蔽于欲而不知得（德）（由欲谓之，道尽嗛矣）。慎子蔽于法而不知贤（由法谓之，道尽数矣）。惠子蔽于辞而不知实（由辞谓之，道尽论矣）。庄子蔽于天而不知人（由天谓之，道尽因矣）。（《解蔽》）

于是荀子在《天论》篇中述说天道与人道的区别，排斥庄子：

> 天行有常，不为尧存，不为桀亡。应之以治则吉，应之以乱则凶。强本而节用，则天不能贫；养备而动时，则天不能病；修道而不贰，则天不能祸。……故明于天人之分，则可谓至人矣。

这是荀子严加区别天道与人道的话，与庄子所说人道在于因循天道的思想，是正相反的主张。

荀子又作《正名》，论列名实的关系。一切定名都是因为由名示实，辩同异，明贵贱，而非为了诡辩。那么异同由什么来分别呢？这是由于天官之当薄及心之征知。天官便是耳、目、口、鼻、形体等五官，五官知觉到声、色、味、臭等，就叫作天官之当薄。天官如此地行了当薄，接着便由心征知。因为天官的当薄及心的征知，人们认识异同，异同的概念则由名来表现。名有单名及兼名。当表示一个概念的时候，用单名；当两个概念在同时同地被征知时，用兼名。单名如马，兼名如白马。又,名有共名与别名。例如,“人”相对于“动物”,是别名;“动物”相对于人，是共名。别名的极端是各自之名；共名的极端是物。这叫作大共名。又，物同状而异地，虽给予共名,实是各别的。例如,同叫作犬,甲犬与乙犬是各别的,反之，在同地被体验到的，状虽不同，物却相同。此时状的不同是由于化，例如蝶与蛾。以上是荀子在《正名》中所说的要点。荀子从这种见解出发批判惠施一派的诡辩。

荀子在《正论》中批判及排斥了墨子的功利主义及宋钘的寡欲说；在《儒效》中赞扬周公、孔子之道。他品评以前的诸子而以儒自任,但是他的儒与子思、孟轲的儒不同。因此,他在《非十二子》中说：

> 略法先王而不知其统，犹然而材剧（多）志大，闻见杂博，案往旧造说，谓之五行。……案饰其辞，而祗敬之，曰：‘此真先君子之言也。’……世俗之沟犹瞀儒，嚾嚾然不知其所非也，遂受而传之，以为仲尼、子游为兹厚于后世，是则子思、梦轲之罪也。

如此排斥子思、孟子。他又说：

> 若夫总方略，齐言行，一统类，而群天下之英杰，而告之以太古，教之以至顺。奥窔之间，簟席之上，歙然圣王之文章具焉，佛然平世之俗起焉。……仲尼、子弓是也。(《非十二子》)

如此地激赏仲尼、子弓。由上列话可知荀子的学说，与子思、孟子的系统不同，而是崇奉仲尼、子弓。那么子弓到底是怎样的人？历来学者对此有过种种说明，但我以为都不正确。与上列“仲尼、子游为兹厚于后世”一句对照来看，这个子弓可以认为是子游之误。因为“子游”在《汉石经论语》中作“子斿”，“弓”字应是“斿”字失去了右旁而致误。子游是孔子的门人，与曾子相对，特长于礼学，所以荀子赞扬子游的礼学，而反抗继承曾子派之后的思、孟二人吧。

孔子倡导为行仁道，在主观上依靠忠恕，在客观上践行礼，其门人分为两派，曾子派注意到主观方面，注重忠恕，子游派重视客观方面，注重礼。荀子左袒子游派，反抗曾子派的子思、孟子，故其学说用一句话来讲就是礼至上主义。所以他说“将原先王，本仁义，则礼正其经纬蹊径也”，又说“礼，法之大分，群类之纲纪也”(《劝学》)，又说“礼，所以正身也……无礼何以正身？”(《修身》)，尊重礼。那么他所谓的礼是怎样的东西呢？在《礼论》篇开头，荀子如下叙述：“人生而有欲。欲而不得，则不能无求。求而无度量分界，则不能不争。争则乱，乱则穷。先王恶其乱也，故制礼义以分之，以养人之欲，给人之求，使欲必不能穷乎物，物必不屈于欲，两者相持而长，是礼之所起也。”依据这一段话，礼是先王为了克制“人之欲”，适当地分配供给而制定的规则。但克制人之欲并不单是压抑它，也要养育它；因此礼的目的在个人方面，是养育己之欲；在社会方面，是要明贵贱上下，随应其分限，使各人得称（适当的度令）以维持秩序。荀子如此述说礼的“称”，与成于子游后学之手的《礼运》等篇很相类似。

荀子所倡导的礼的称继承自子游派的主张，但子游的后学在倡导礼的称之外，还倡导礼的顺、礼的体，把礼当作本诸人情而制定的法则，承认人类有道德性。荀子却百尺竿头更进一步，断定人类的本性是欲，欲是争夺残贼发生的源头，所以人类的性是恶的。因为人类的性是恶的，先王为克制它便定了礼。他说：

> 今人之性，生而有好利焉，顺是，故争夺生而辞让亡焉；生而有恶疾焉，顺是，故残贼生而忠信亡焉。生而有耳目之欲，有好声色焉，顺是，故淫乱生而礼义文理亡焉。然则从人之性，顺人之情，必出于争夺，合于犯分乱理，而归于暴。是故必将有师法之化，礼义之道，然后出于辞让，合于文理，而归于治。用此观之，人之性恶明矣，其善者伪也。……古者圣王以人性恶……是以为之起礼义，制法度，以矫饰人之性情而正之，以扰化人之性情而导之也。(《性恶》)

荀子如此继承子游后学的主张，进一步树立性恶说，反对继承曾子派学说的孟子的性善说。

他非难孟子的性善说，说："孟子曰：'今之学者，其性善。'曰：'是不然。是不及知人之性，而不察乎人之性伪之分者也。凡性者，天之就也，不可学，不可事。……不可学，不可事，而在人者，谓之性；可学而能，可事而成之在人者，谓之伪。……饥而欲饱……此人之情性也。今人见长而不敢先食者……其善者伪也。'"(《性恶》)由此清楚可知荀子反对孟子。但对比二者言论，知两人关于性、欲及善恶的概念不同，所以其争论最终变成自说自话。孟子认为性是天所赋予的心的作用，主要意味着知、虑的作用，欲是外物的刺激感触到五官而生的盲目的作用；而荀子认为，欲是性的主要部分，虽是与人俱生的自然之心的作用，但知、虑的心的作用是人类反省的结果，是人为的。所以荀子与孟子的性的概念全然不同。其次，孟子对于人性善恶标准的划分比较主观，认为“可欲之谓善”。但荀子站在客观角度，认为善是正理平治，恶是偏险悖乱。(《性恶》）这也显示了荀子与孟子的善恶观念不同。荀子孟子在性、善恶观念上如此不同，两人意见不一也是理所当然。

孟子认为人的道德是上天赋予的，与之相对，荀子将天道和人道做了区别，前者是人力不可违抗的自然规律，而后者是通过人的努力抑制天性欲望而初次显现出来的法则。也就是说，道德不是本于天性，矫正天性的人为举动是虚伪的。如果人的道德不是以性为基础而是以伪为基础，人们为了达成伪所做的就是学。《荀子》开卷第一篇《劝学》就提到：“故木受绳则直，金就砺则利，君子博学而日参省乎己，则知明而行无过矣。”又说：“学不可以已。”那么这里荀子所说的“学”是指什么呢？“学恶乎始？恶乎终？曰：其数则始乎诵经，终乎读《礼》。”他又说：“《礼》之敬文也，《乐》之中和也，《诗》

《书》之博也,《春秋》之微也，在天地之间者毕矣。”可见学问的对象是《礼》《乐》《诗》《书》《春秋》这五经。但是他又说，“《礼》《乐》法而不说,《诗》《书》故而不切,《春秋》约而不速……学莫便乎近其人”(《劝学》)，主张重师法。于是他说:“人无师法则隆性矣，有师法则隆积矣，而师法者所得乎情，非所受乎性。……行忍性情，然后能修。”(《儒效》)这是说从师以学《五经》，尤其是《礼》，以抑情欲，则道德可修。

如上所述,《论语》中讲述的儒家的经典只《诗》与《书》，到《孟子》加上《春秋》,成了三种,《荀子》再加以《礼》与《乐》，成了《礼》《乐》《诗》《书》《春秋》五种。五经的完备，及力说学五经应重师法，是汉代以后经学兴盛、尊重师法的滥觞,这一点尤其值得注意。现存《荀子》中也有个别称引《易》的地方，恐怕是后学所附益的部分，荀卿似乎还没有把《易》著作经书。《易》成为儒家之经典大概是秦汉之际。

第二节　浮邱伯

据刘向的《荀子叙录》，荀子晚年生活过的兰陵留着他的遗化，学者辈出。这些后学喜欢把“卿”字当作字以表示敬慕之情，其中亲炙荀子的有名人士有浮邱伯、韩非及李斯三人。

浮邱伯的事迹虽不明了，但《汉书·儒林传》中说：“申公，鲁人也。少与楚元王交俱事齐人浮丘伯受诗。汉兴，高祖过鲁，申公以弟子从师人见于鲁南宫。”同书《楚元王传》中也说：“楚元王交字游，高祖同父少弟也……少时尝与鲁穆生、白生、申公俱受诗于浮丘伯。……及秦焚书，各别去。其后交封楚王，招穆生、白生、申公为中大夫，高后时，使其子郢客与申生于长安，师事浮邱伯。”可知浮邱伯是齐人，初学于荀子，后居鲁，晚年居于长安，是一个爱好学问的人。《盐铁论 · 毁学》中说：“昔李斯与包丘子俱事荀卿……而包丘子不免瓮牖蒿芦。”陆贾《新语 · 资执》中说：“鲍丘之德行，非不高于李斯、赵高也，然伏隐于蒿芦之下而不录于世，利口之臣害之也。”包丘、鲍丘与浮邱同音相通，是同一个人，所以浮邱伯是荀子门下学德兼备的学者，秦代压迫儒学，他便避名利，过着隐遁的生活，并守节私传经典之学。他的门人申公以《诗》著名；再传弟子瑕丘的江公，从申公学《诗》与《春秋》，江公的弟子韦贤从江公学《礼》；申公的弟子孔安国以《尚书》之学显著。所以，浮邱伯或许也继承荀子的学问，兼通《礼》《乐》《诗》《书》《春秋》这五经。只是他长期过着隐遁的生活，没有遗留赫赫的事迹，但从他门下出了许多学者来看，助于汉代经学之兴盛这一点是不能忘却的功绩。

第三节　韩非

韩非是韩国的公子，深叹韩国行将衰落，奉书谏韩王，不见用，便到楚国学于荀卿，后返韩，为韩王使于秦，为始皇所杀。他被杀害在始皇十四年（前233），生年不详。据《史记》，韩非生来口吃，好著书，有《孤愤》《五蠹》《内外储说》《说林》《说难》等十余万言，现存《韩非》二十卷五十五篇。这五十五篇中最早的《初见秦》及《存韩》，据《战国策》应是张仪的文章，而不是韩非的作品，因此其他作品也未必不是别人的。不过它们大体上都是与韩非有关系的文献。五十五篇中除了上述两篇之外，通观其余的五十三篇，《大体》以上的二十七篇与《内外储说》以下的二十六篇稍稍异趣。前二十七篇倡道术，道家思想的影响多，有《解老》《喻老》那种解释老子的文章，也有《主道》《扬权》那种酷似《管子》中的《心术》《内业》的文章，比如《有度》与《管子·明法》大同小异。因此，包括这些文章在内的二十七篇，我以为受到稷下法家慎到的影响很大。后面的二十六篇力说法术，有如本诸荀子的性恶说而折中申、商之学。韩非的特征便在于后面这个部分。

前文已述，荀子把人性看作欲，为了克制欲而主张礼的必要。韩非也以为人情彻头彻尾是利己的，如其自然地放任必至于乱，而为了治它就必须要法术。所谓法术，是折中了申不害的术与商鞅的法之物，他品评申、商二子说：

> 今申不害言术，而公孙鞅为法。术者，因任而授官，循名而责实，操杀生之柄，课群臣之能者也，此人主之所执也。法者，宪令著于官府，刑罚必于民心，赏存乎慎法，而罚加乎奸令者也，此臣之所师也。君无术则弊于上，臣无法则乱于下，此不可一无，皆帝王之具也。(《定法》)

由此可知韩非的法术折中了申、商的思想。术是人主驾驭臣下的权柄，法是治民的宪令；术秘藏于人主心中，不向别人显示，而法明辨赏罚，必然向人民显示。不过法随着时令的推移而变化，不是固定不变的，所以他说:“夫古今异俗，新故异备，如欲以宽缓之政，治急世之民，犹无辔策而御骍马”(《五蠹》)，排斥儒者所谓先王之法，而主张应立新圣之法。为要定新圣之法，便不能拘于先王的旧典，因此他说“明主之国，无书简之文，以法为数；无先王之语，以吏为师”（《五蠹》），排斥先王与旧典。韩非的理想，由他的同门李斯实行了。

第四节　李斯

李斯，楚上蔡人，年少时曾作郡之小吏，后发奋，与韩非同游于荀卿之门，学帝王之术，学成后入秦，成吕不韦的舍人，后为秦之客卿，为廷尉，及始皇统一天下后为丞相。始皇的政事大多是他所画策的。他的计划似多由同门韩非所启发。据《史记》记载，齐人淳于越反对郡邑制度，建言保留历来的封建制度，李斯反驳他说：

> 五帝不相复，三代不相袭，各以治，非其相反，时变异也。……异时诸侯并争，厚招游学。今天下已定，法令出一，百姓当家则力农工，士则学习法令、辟禁。今诸生，不师今而学古，以非当世，惑乱黔首。……如此弗禁，则主势降于上，党与成乎下，禁之便。臣请史官非秦记皆烧之。非博士官所职，天下敢有藏《诗》《书》、

> 百家语者，悉诣守尉杂烧之。有敢偶语《诗》《书》者，弃市。以古非今者，族。……若欲有学法令，以吏为师。

这与上述韩非的说头同出一辙。李斯的此份奏言被裁可，出现了焚书坑儒的惨剧，一切文献都被烧却，思想之自由被束缚。

要言之，荀子把人性看作欲，主张由学问以治礼，由礼以制欲。这个学问继承儒家的传统，以经典的攻究为主眼；他把人性解释作欲，是承袭了老庄派——尤其是杨朱的思想，从儒家方面来讲定是异端思潮。继承儒家传统的《五经》之学由浮邱伯继承，成了汉代经学隆昌的先河；但把人性看作欲而尊重礼的最终结果，是礼全然成为人为的客观法则，与法无所择了。于是韩非从荀子的门下出来，用法来代替了荀子的礼，倡导法至上主义；韩非的主张又由李斯实行，终至于压迫思想，破坏文化。

第十章

秦代的思想界

第一节 《吕氏春秋》

前246年，李斯离开了荀卿的门下，赴西方的秦国做吕不韦的舍人。吕不韦从阳翟的商人起身，秦庄襄王与始皇帝两代为相，被封为文信侯，广招天下之士于门下。招集天下游士的风习，自齐威王、宣王开端，当时齐国的稷下成了文化中心；后来齐国衰落，稷下学士分散，集到齐孟尝君、魏信陵君、赵平原君、楚春申君四君处；四君凋落，吕不韦的门下兴盛，据说食客有三千之多。于是吕不韦命这些学士各论著其所闻，编辑为《八览》《六论》《十二纪》，总称为《吕氏春秋》。据《十二纪》末了的《序意》一篇，《十二纪》完成于始皇八年，其他部分似稍后纂成。

《十二纪》，从《孟春纪》到《季冬纪》，大别为十二纪，各纪收录五篇文章，各纪最初一篇都是记述该季节的行事，与《礼记》的《月令》大同小异，其下各四篇文章是关于政治道德的记事及论说。最后的《序意》中说："维秦八年……甲子朔……良人请问十二纪。文信侯曰：'……盖闻古之请世，是法天地。凡十二纪者所以纪治乱存亡也，所以知寿夭凶吉也。上揆之天，下验之地，中审之人。"依此来看，编纂这些文章的主意在于表示政治道德的基础是依从天时的。《孟春纪下》的《本生》中说："始生之者，天也。养成之者，人也。……立官者，所以全生也"，主张政治的目的在于助天地生成之德。又《仲春纪》说，为了贵生，当使耳、目、口、鼻四官从心之命，当先节情欲，染适当的师教。《季春纪》中说，人类应该先修己，然后论人。又《孟夏纪》中设《劝学尊师》一篇，说忠孝之道，《仲夏纪》《季夏纪》二纪中论音乐，秋的三纪中论兵，《孟冬纪》中论葬。从大体的结构及主意上来看，可以说它是以儒家为经，折中诸家而成一家。视天地之道在于生成，揆之验之以说人道，在儒家之中更近于子思、孟子而非荀子的系统。

其次的《八览》立《有始览》《孝行览》等八大纲，览之下各收八篇，共六十四篇而成，内容很驳杂。《审分览 · 不二》中说：

老聃贵柔，孔子贵仁，墨翟贵廉（兼），关尹贵清（静），子列子贵虚，陈骈贵齐，阳生（杨朱）贵己，孙膑贵势，王廖贵先，儿良贵后。……夫能齐万不同，愚智工拙，皆尽力竭能，如出乎一穴者，其唯圣人矣乎！

此段评骘诸子，归重于圣人，可知《八览》的主旨也倾向儒家。《孝行览》中力说治天下国家之本在于孝行，下引曾子的话及《孝经》，暗示了其主旨在何处。要言之，《八览》也可以说是本诸儒家，尤其是曾子、子思派的主张而折中诸子的作品。

再次的《六论》大别为《开者》《慎行》《贵直》《不苟》《似顺》《士容》等六论，各论之下收六篇文章，共三十六篇而成。其思想内容与上述的《十二纪》《八览》差别不大。

总之，《吕氏春秋》整体是折中诸家而成一家，其中虽也采取道家、墨家及法家的思想，但是没有非难儒家、蔑视圣贤的极端话语，大体上是以儒家尤其是曾子、子思派的思潮为根干。其中到处引用《诗》《书》与《易》作为立论的根据。所以我们可以依这部书想象下列两点：

（一）在秦初的思想界，种种思潮杂流，其中最有势力的还是儒家思潮；儒家被排斥是李斯的政策为始皇采用了之后的事。

（二）至吕不韦的时候，《易》不知何时已被当作儒家的经典，这一现象在《孟子》及《荀子》中都看不到，恐怕是由二者之外的其他学派倡导来的。这里我们另换一节，试一述《易》。

第二节 《易》之儒教化

《易》本来是卜筮之书，不是儒家的经典。据说孔子晚年爱读《易》，作《彖传》上下、《象传》上下、《系辞传》上下，《文言》《序卦》《说卦》《杂卦》共《十翼》，把它传给商瞿子木，由子木经桥庇子庸、馯臂子弓、周丑子家、孙处子乘，到汉初的易学者田何。但《十翼》不是孔子之作，已如宋代欧阳修所论。孔子自不消说，孔门诸弟子关于《易》也不曾讲过什么话，再后的孟子也不曾讲到《易》，荀子的书中只有两处引用《易》，且是后人附加的部分，所以《易》自孔子到孟、荀都不曾被看作儒家的经典。在现存的儒家文献中，最早称引《易》的恐怕是被认为《子思子》残卷的《礼记》之《表记》《坊记》《缁衣》三篇。

我们在第三章第二节中叙述过，现存的《礼记》中的《中庸》《表记》《坊记》《缁衣》等四篇是《子思子》二十三篇的残卷。熟读这四篇，我感到其中糅合着时代不同的文章。(一)其中最早的部分是《中庸》的前半部(详细地讲,据朱子的《中庸章句》本，是除第十六章以外的第二章到第十九章的十七章)，这些部分文章简洁，似《论语》，内容也古朴，恐是子思的手笔，至少是子思的门人弟子编纂而成的吧。(二)稍晚的是《表记》《坊记》《缁衣》这三篇，与《中庸》的前半部相比较，文章较新，其中存在似敷陈《论语》内容的章节，讨论王霸的地方似受了孟子的影响，多处可见的赏罚之语似受了法家的影响。在此基础上，它于《诗》《书》以外称引到《易》，甚至有评论《春秋》及《礼》的地方，因此最早不能追溯到《荀子》以前。孟子本学于子思的门人，与子思应是同学派的人，但《韩非子》的《显学》一篇区别子思之儒与孟氏之儒。结合与这三篇中称引孟子绝不言及的《易》一起来看，这几篇恐怕是由距韩非时代不远的、标榜子思之儒的学者所凑成的。(三)最晚的是《中庸》的后半部,详细地讲，是指《朱子章句》第一章及第二十章以下的部分。这些文章长，内容在哲学方面也进步，感觉很新。据《汉书 · 艺文志》，礼类中有《中庸说》二篇,所谓《中庸说》,想是说明子思的《中庸》的书，现存的《中庸》后半部恐怕便是这《中庸说》，而附加在《中庸》本文之后的。详细研究《中庸》后半部的文章，其中有

> 子曰："愚而好自用，贱而好自专，生乎今之世，反古之道。如此者，灾及其身者也。"非天子不议礼，不制度，不考文。

一节，与李斯在奏议中说的"今诸生不师今而学古，以非当世，惑乱黔首……如此弗禁，则主势降于上，党与成乎下……臣请……以古非今者，族"是同一表达，总觉得这是秦始皇时代的文章。其下又说：

> 今天下车同轨，书同文，行同伦。

据许慎的《说文序》，战国七雄争霸时"各国田畴异亩，车涂异轨……言语异声，文字异形。秦始皇初兼并天下，丞相李斯乃奏同之"。似乎在始皇统一以前，各国异其车轨、文字，"今天下车同轨"云云的一节，似是始皇时代的口吻。《中庸》后半部末尾有

> 声名洋溢乎中国，施及蛮貊，舟车所至，人力所通，天之所覆，地之所载，日月所照，霜露所队，凡有血气者，莫不尊亲

一节，似是敷陈始皇统一天下之后，巡狩四守所建立的颂德碑之一的琅琊台碑中所说“日月所照，舟车所载，皆终其命，莫不得意”之语。综合上文，说《中庸》的后半部是秦始皇统一天下之后的文章当可首肯吧。

分析《子思子》二十三篇的残卷，即《中庸》《表记》《坊记》《缁衣》这四篇，其中最早的《中庸》的前半部近于子思的文章。稍晚的《表记》《坊记》及《缁衣》三篇恐成于战国末秦初子思学派的人之手。最晚的《中庸》的后半部，是秦以后子思学派的人解说《中庸》的文章。借此我们可以看到子思学派是如何地变迁的。《表记》《坊记》《锱表》中称引《易》，及《中庸》后半部中“国家将兴，必有祯祥，国家将亡，必有妖孽，见乎蓍龟”之语也是其尊重《易》的证据。所以《易》被当作儒家的经典，是由子思学派的人开始的，恐怕始于战国末，到吕不韦的时代已很流行。而当始皇时，因李斯的上奏政府烧却《诗》《书》，只有《易》以卜筮之书的名目免了灾厄，遂至以《易》来鼓吹儒家的精神。被称为孔子之作的《易》之《十翼》，想来也是这个时候写成的。

《易》的《十翼》中最早的部分是《彖传》与《象传》，这部分以“中”为标准说明处世道德。这与《中庸》前半部说的“执其两端，用其中”“中立而不倚”之语为同一思潮，所以这两篇大约是在子思学派之间产生。《十翼》之中最具发展思想的是《系辞传》与《文言传》，这部分主张的内容酷似《中庸》的后半部。清代儒者魏源比较《中庸》与《易》,著《庸易通义》,可说是看破其类同点。日本的东条一堂在《系辞问答》中讲到《系辞传》成立的年代，发现其中绝不征引《诗》《书》而专由《易》立论，恐怕正表示这是排斥《诗》《书》的秦代的述作。这也是开启千古秘密的卓见，从这一点上来看，也可以把《系辞传》看作与《中庸》后半部同时代的述作。因此，《系辞传》与《文言传》是与《中庸》后半部同时代同学派人士的述作，都可以看作研究始皇时代儒家思想的资料。借由这些资料，我们可以一瞥始皇时代的思想。

《中庸》后半部举君臣、父子、夫妇、昆弟、朋友之道作为道的代表，称之为五达道；举智、仁、勇的三达德，作为践行这五达道的德；再概括起来，归诸一个“诚”字。五达道继承孟子的五伦，三达德继承孔子并举的知、仁，再加一个勇字，而把这三达德归诸于“诚”字，是《中庸》后半部的特征。如前所述，“诚”字原木在《孟子》中也已出现，与《论语》的“忠”字同意，但《中庸》后半部的作者不单把诚当作践行人道的基础，且更进一步解作宇宙之原理。

> 诚者，天之道也；诚之者，人之道也。……诚者，物之终始，不诚无物。……诚者，非自成己而已也，所以成物也。成己，仁也；成物，知也。性之德也。

这一节明确把诚看作通贯宇宙间一切的原理，可以说比历来的儒家更进一步。诚是通贯宇宙的原理，所以借由“诚之”“可以赞天地之化育”，又当“祸福将至”的时候“必先知之”。由于诚而先知祸福是《易》即卜筮的根本信念。所以，《文言传》中说：

> 庸言之信，庸行之谨，闲邪存其诚。
>
> 君子进德修业：忠信，所以进德也；修辞立其诚，所以居业也。

《系辞传》中说：

> 夫易，圣人所以崇德而广业也。知崇礼卑，崇效天，卑法地。天地设位而易行乎其中矣。成性存存，道义之门。
>
> 一阴一阳之谓道。继之者善也，成之者性也。仁者见之谓之仁，知者见之谓之知。

这些话都在说明《易》与《中庸》后半部的思想是相同的。《系辞传》中又说:“生生之谓易。”“易,无思也,无为也,寂然不动,感而遂通天下之故。”所谓“无思也,无为也……感而遂通天下之故”是《中庸》的“诚者,不勉而中,不思而得,从容中道”吧。所谓“生生”是《中庸》的“天地之化育”吧。所以《易传》与《中庸》后半部都把生生、化育看作宇宙之道,借由无思、无为而只存诚,把参赞生生化育信为人之道。用一句话来评价,《易》与《中庸》后半部可以叫作生的哲学,它们把宇宙全体看作活物,悟得生生作用是知,随顺而参赞生生作用是仁。所以《系辞传》中也说:“天地之大德曰生。”

总之,当子思的后学把《易》当作儒家经典的时候,正碰上始皇的焚书,失去了用《诗》《书》来申述主张这一条路的儒家,努力借幸免烧却的《易》来发扬其精神。其结果是他们提出了从未阐明过的生的哲学,在儒家思想体系上开拓了一个新生面。同时,他们在历来体系未明的《五经》学问中增加了《易经》,酿成了建立通贯《六经》之思想体系的机运,为后来经学时代的产生做好准备。这一点是很值得注意。

古代期（下）经学时代

第十一章

前汉的经学

第一节　易学

秦始皇焚书坑儒，儒家的经典被烧弃，学者逃匿，于是儒学的传统完全沉没于黑暗之中；只有《易》因为被看作卜筮之书，结果逃避灾厄，使其传统能够不绝。因此汉兴后，最早出现的是《易》的学者。试依据《史记》及《汉书》的《儒林传》列述易学的传授如次：

上表极其简略，但借此可清楚知道《易》的传授。《汉书·艺文志》中除《王氏易传》二篇、《杨氏易传》二篇、《周氏易传》二篇、《丁氏易传》二篇、《服氏易传》二篇之外，还有不见于上列传授表中的《蔡公易传》二篇、《韩氏易传》二篇等，

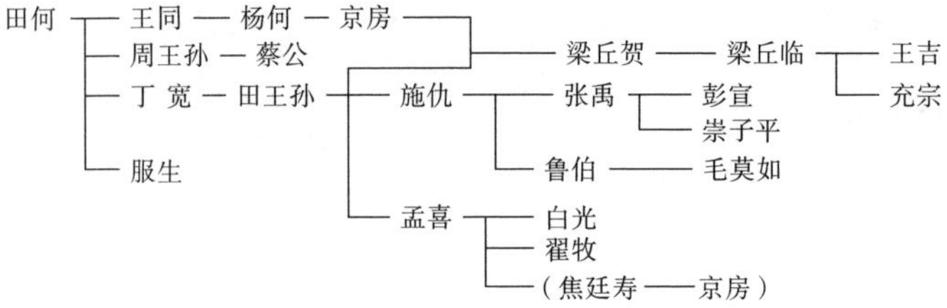

可以想象汉初易学之如何兴盛。这些易家都重师法，不妄加自己的意见，只孟喜的《易》与京房的《易》很有特色。孟喜，东海兰陵人，其父孟卿是《礼》与《春秋》的学者，喜曾从田王孙学《易》，后来得阴阳灾变之书，把它附会到其师身上，诈称田生死时枕着喜之膝而传授的。同门的梁丘贺反驳孟喜的宣传，说田生是由施仇看护着去世，当时孟喜已归东海，不曾有这样的事情。后来《易》博士有缺额，有人推荐孟喜，但当时的天子因为孟喜改易师法，没有采用这个建议。京房是焦延寿的弟子，延寿据说曾从孟喜学《易》，但同门的翟牧及白生不承认。后来，刘向校订秘中之书时，将各家的易说加以比较研究，发现各书都以田何、杨何、丁宽为祖，大意相同，唯独京房易是异党，说述灾异。这恐怕是焦延寿得了隐士之易而托诸孟喜，再由京房传承了的吧。据上述论调，孟喜与京房创造了异说，在他们以前则都是传述同一思想，《易》的传统相当明确。

第二节　鲁学派

易学的传统如此彰著，但其他的经典都还隐于黑暗之中，因此这时看不到一般儒学的兴隆。秦亡汉兴，陆贾以《诗》《书》说高祖，高祖说："乃公居马上而得之，安事《诗》《书》？"陆贾对答说："居马上得之，宁可以马上治之乎？"因此著《新语》十二篇。这可以说为迄今被秦之虐政所压抑的儒家，吐万丈之气。但当时还是在戎马倥偬的时候，没有兴盛儒家的余裕；孝惠吕后时代，朝廷上的重臣尽是以武立功的人；到文帝的时代，天下大定，文艺复兴的气运已经成熟，鲁人申培、燕人韩婴以《诗》任博士，初显儒学勃兴的曙光。

申培，鲁人，一般称为申公，曾从齐人浮丘伯学《诗》，当汉高祖赴鲁的时候，申培与其师浮丘伯见高祖于鲁之南宫；后来他与老师赴长安，与楚元王交及其子郢客相交。郢客后封夷王，遣其子戊受学于申公，但戊不好学，且侮辱申公，因此申公耻于为师，便归鲁，专事于教育门弟子，弟子越千余人，其中兰陵的王臧、代的赵绾、临淮太守孔安国等后来都成了著名的人物。申公之师浮丘伯，据说曾与李斯学于荀卿，则知申公一派的学问渊源于荀子。试据《史记》及《汉书》的《儒林传》，立表显示其学派如后：

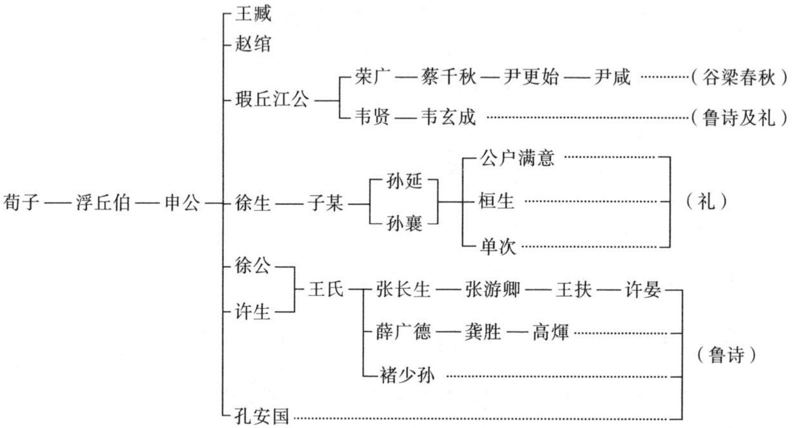

上表只列举其中著名的人物，并非申公门下所有人。又，徐公之上的徐生，不清楚与徐公是否同一人。从年代上来推算怕是同一人，这里附记一下，并不确凿。表右侧括弧里的内容，是说明左侧学者所专长的经学。由此可知，申公虽以鲁《诗》学者而著名，但实际上兼治《礼》及《谷梁春秋》，承受了荀子的学问。如前所述，荀子的学问以《礼》为中心，但其著作到处引证《诗》作立论的根据。申公的诗说恐怕是出诸荀子。与申公同时任博士的学者中有韩婴，别立称为“韩诗”的一派，现在残存的《韩诗外传》引荀子的诗说达四十四条之多，所以“韩诗”也与申公一样，是嗣续荀子诗说的别派。其次的《谷梁春秋》，是鲁人谷梁淑（又叫谷梁赤；“赤”字恐是“淑”字损毁而讹成的）所传的学问；荀子的《春秋》说与谷梁义一致，所以传述申公弟子瑕丘江公之思想的谷梁家，也定然渊源于荀子。再次的礼学的系统最不明了。孝文时，鲁的徐生以能礼容，任礼官大夫，瑕丘的萧奋以礼任淮阳太守，则礼家都本于徐氏。“徐生”与申公的弟子“徐公”相似，萧奋与江公为同里人，由这两点上来看，他们大概也是申公系统的人。萧奋的门人中有孟卿，孟卿的门人中有后苍，后苍之下出了戴德、戴圣；孟卿是兰陵人，且取“卿”字，所以似是私淑荀子的人；又，孟卿的再传弟子戴德的《大戴礼记》中《劝学》《礼三本》及《哀公问五义》三篇，及戴圣的《礼记》中的《三年问》《乡饮酒义》与《荀子》一致。由这两点来看，可以想象礼学的渊源也出自荀子。总之，从孝文时著名起来的经学，大多渊源于荀子而由鲁人继承。所以这叫作鲁学派。

自孝文的时候起，儒学开始兴盛，但是当时还是儒家的草昧时代，讲申商之学、奉黄老之说的人很多，儒家的势力并不大。如当时作为儒者而知名的贾谊，遗文中也混杂了许多道家的说法。皇后窦氏是特别热心的黄老信奉者，在其后的整个景帝一代都很有势力，因此儒教不能充分伸其骥足。到武帝即位，名儒董仲舒出，终于压倒诸子百家，认儒教为国家的正教。

第三节　齐学派

武帝当即位之初（前 140），举贤良文学之士数百人，董仲舒位列其中。董仲舒是广川（今河北枣强县）人，早年治《公羊春秋》之学，景帝时任博士，为学者所尊敬。此时面对武帝的策问，他作了有名的《贤良对策》。《对策》的全文很长，其要旨尽于下列的一节中。

> 天令之谓命，命非圣人不行。质朴之谓性，性非教化不成。人欲之谓情，情非制度不节。是故王者，上谨于承天意，以顺命也；下务明教化民，以成性也；正法度之宜，别上下之序，以防欲也。修此三者，而大本举矣。（《汉书》本传）

由这一段话来看，董仲舒对答武帝的策问：第一，顺天令施政；第二，明教化以导民性；第三，制法度以节民欲。对于第一项，他说：

> 臣谨案，《春秋》之中，视前世已行之事，观天人相与之际，甚可畏也。国家将有失道之败，而天乃先出灾

害以谴告之。不知自省，又出怪异以警惧之。尚不知变，而伤败乃至。以此见天心之仁爱人君而欲止其乱也。(《汉书》本传)

由此明确知董仲舒相信王者的政治协天意与否，可以由灾异知道的，天与人密切相关。

关于第二项，他说：

臣谨案,《春秋》谓一元之意。一者,万物之所从始也。元者，辞之所谓大也。谓一为元者，视大始而欲正本也。春秋深探其本，而反自贵者始。故为人君者，正心以正朝廷，正朝廷以正百官，正百官以正万民，正万民以正四方。四方正，远近莫敢不一于正。……今陛下贵为天子，富有四海……然天地未应而美祥莫至者，何也？凡以教化不立，而万民不正也。……古之王者明于此，是故南面而治天下，莫不以教化为大务。立大学以教于国，设庠序以化于邑，渐民以仁，摩民以谊（义），节民以礼，故其刑罚甚轻而禁不犯者，教化行而习俗美也。……故养士之大者，莫大乎太学。太学者，贤士之所关也，教化之本原也。

由这一段话来看，董仲舒以为，为了化民性，非立大学不可。第三关于正法度，他说：

> 春秋大一统者，天地之常经，古今之通谊也。今师异道，人异论，百家殊方，指意不同，是以上亡以持一统；法制数变，下不知所守。臣愚以为，诸不在六艺之科、孔子之术者，皆绝其道，勿使并进。邪辟之说灭息，然后统纪可一而法度可明，民知所从矣。

由此可知，董仲舒以为，为了正法度，应黜异端之说，明儒家之道，奖励六艺之研究。

武帝嘉纳了董仲舒的这些建议，建元五年（前136）置五经博士，建元六年，黄老的崇奉者窦太后崩，武安侯田蚡任丞相，黜黄老刑名百家之言，招致文学的儒者数百人；由此可知董仲舒的意见被全般地实行。《汉书》的作者赞美武帝说："孝武初立，卓然罢黜百家，表章《六经》。遂畴咨海内，举其俊茂，与之立功，兴大学，修郊祀……号令文章，焕焉可述。"由此可知当时设立了大学。此时大学的课业是五经，由五经博士掌之。大学教化的制度记于《礼记》的《学记》中，大学教化的目的则记于《礼记》的《大学》篇中。

《学记》与《大学》在《礼记》中是各自独立的篇章，但清儒陈澧比较两者内容，指出彼此不能分离。平心对照这两篇来看，我以为陈氏的话是很对的。《学记》的制作年代不明，在学者间有许多说法，我认可清代陆奎勋的武帝时代作品之说。关于《大学》，有人视作很早的作品，有孔子的遗书、曾子的著作这些说法，但我支持清儒俞正燮认为是汉代作品的看法。因为《学记》记述武帝时设立的大学的制度，《大学》则记述其教育精神。《学记》中说：

> 一年视离经辨志，三年视敬业乐群，五年视博习亲师，七年视论学取友，谓之小成。九年知类通达，强立而不反，谓之大成。夫然后足以化民易俗，近者说服而远者怀之，此大学之道也。

这是说明大学的课程。《大学》篇论列大学教育的目的：

> 大学之道，在明明德，在亲民，在止于至善。

又详论顺序阶梯：

> 古之欲明明德于天下者，先治其国；欲治其国者，先齐其家；欲齐其家者，先修其身；欲修其身者，先正

> 其心；欲正其心者，先诚其意；欲诚其意者，先致其知；致知，在格物。

这以下称引了许多《诗》《书》上的话，说明上文的意义。后世学者称“明明德”“亲民”“止于至善”为大学的三纲领，称“平天下”“治国”“齐家”“修身”“正心”“诚意”“致知”“格物”为其八项目，而大学的精神尽于这三纲领与八项目中。由这些话来看，大学教化的目的从主观上来讲，在于明自己的明德，从客观上来讲，是使天下之民相亲，其实践归于止于至善。要达到这个目的，必须先要致知、正物，然后诚意、正心乃至平天下。这八个项目中的前四个在《孟子 · 离娄》中已有记述，“诚意”则是《中庸》后半部力说的概念；在“修身”与“诚意”之间加上“正心”一项，恐怕是本诸上述董仲舒的话的吧。《大学》中又说“物有本末，事有终始，知所先后，则近道矣”，说“其本乱而末治者，否矣”，论列本末终始。这也与上述董仲舒说的《春秋》“视大始而欲正本”相类似。综合上列几点来看，可以想象《大学》继承了思孟派的思想，并参酌了董仲舒的意见。董仲舒所奉的《公羊春秋》之学，似是渊源于孟子。《大学》与思孟派的主张一致，又加上了董仲舒的意见，正暗示它出诸渊源于思孟派的董仲舒一派学者之手。借由《大学》篇，我们可以窥知武帝时代大学的教育精神。

武帝时被立为学官的五经博士，是授《易》的杨何、授《尚书》的欧阳氏、授《齐诗》的辕固生、授礼学的后仓，以及授《公羊春秋》的胡毋生与董仲舒，降于宣帝时代（前74—前49），汉朝为了大夏侯《尚书》、小夏侯《尚书》、大戴《礼》、小戴《礼》、施氏《易》、孟氏《易》、梁丘《易》及谷梁《春秋》增置博士官，后至元帝时代（前49—前33），增置京氏《易》博士，立了十四博士。其中除了谷梁《春秋》，其余的十三家都有相同的倾向，在学派上彼此密切相关。试将这些学派的系统立表如后：

（易）

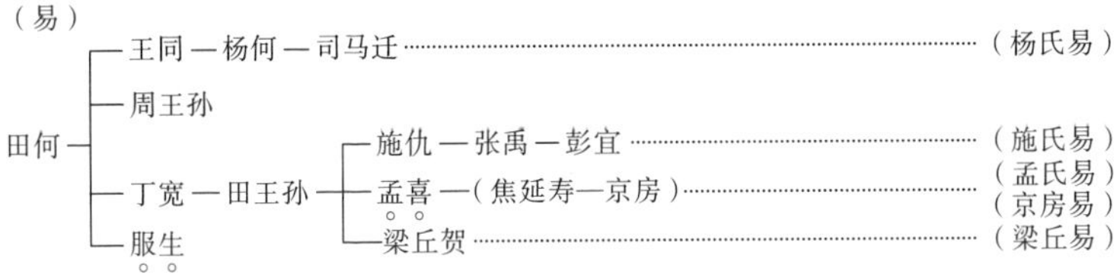

（尚书）

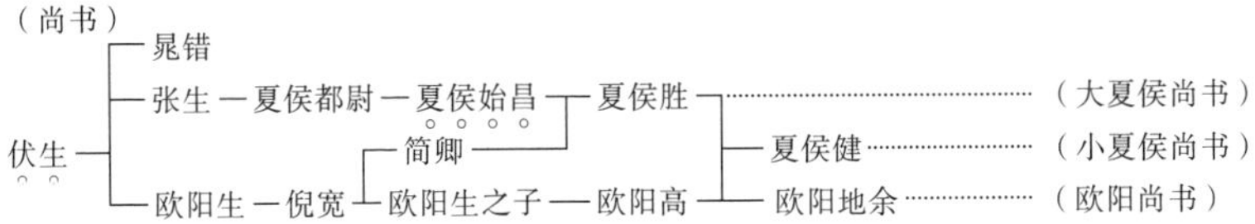

（齐诗）

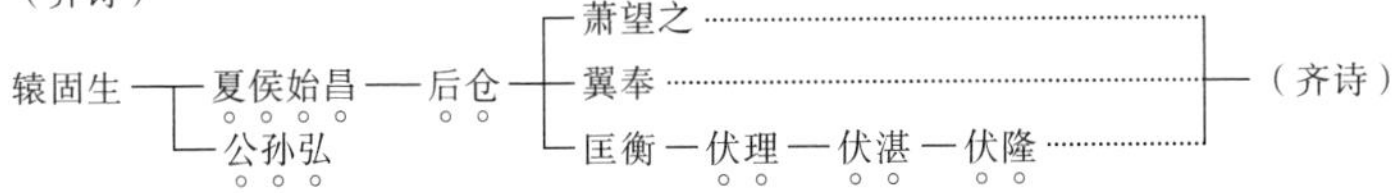

（礼）

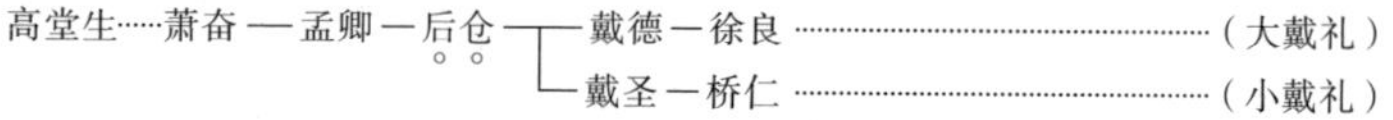

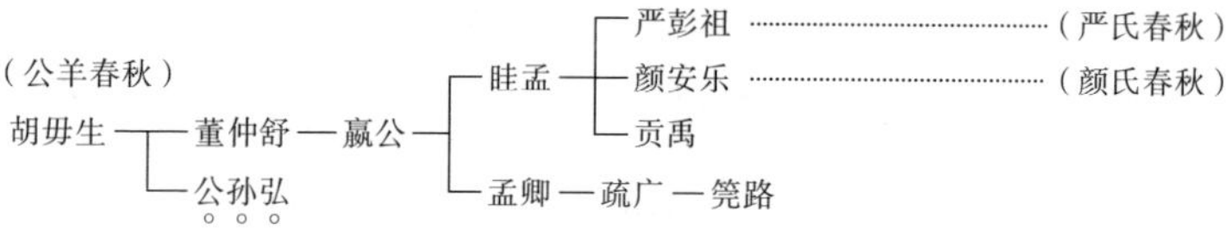

以上只是举其大要。通览上表，传《公羊春秋》的公孙弘，同时兼学《齐诗》;《公羊》的大家董仲舒，据说在《诗》的方面与申公、韩婴的意见不同，恐怕也是治《齐诗》的人。由此可知《公羊春秋》与《齐诗》之间是有联系的。又，传《齐诗》的夏侯始昌，同时受伏生的《尚书》，而伏生的子孙伏理等位于《齐诗》的系统中，则《齐诗》与伏生的尚书学也似有密接关系;因此,渊源于伏生的欧阳《尚书》与《齐诗》应该也有不能分离的关系。其次，传《齐诗》的后仓，同时从孟卿治《礼》，孟卿又从嬴公学《公羊春秋》，由此知孟卿及后仓以后的礼学也与《公羊春秋》及《齐诗》有关。传田何之《易》的服生，与传《尚书》的伏生，姓氏同音相通，而且同是济南人，或许有姻戚关系；又，被视作田王孙弟子的孟喜，是孟卿的儿子。综合以上,《易》也许与《公羊春秋》及伏生《尚书》有关联。因而,田何的《易》,伏生的《尚书》,

辕固生的《齐诗》，胡毋生、董仲舒的《公羊春秋》，孟卿、后仓的礼学，都是相互密接相连，《易》之祖田何、《尚书》之祖伏生、《齐诗》之祖辕固生、《公羊》之祖胡毋生都是齐人，可知这些都是齐人传授的经学。因而，武帝以后的经学大体上是齐人之学，与武帝以前全部出于鲁人申公之手的经学，是全然不同的系统。于是，武帝以前的经学总称为鲁学，武帝以后的经学可称为齐学。鲁学渊源于荀子，齐学的中心《公羊春秋》出于孟子，这也是很有趣的对照。

我在前面说过，借由董仲舒的《对策》及《礼记》的《大学》篇，可以想象武帝时代大学教育的精神在于"明明德""亲民""止于至善"三纲领，我们也可以认为这是齐学的主张。不过在齐学中，还有另一个主要特征，借董仲舒的话来讲，就是强调"天人相与的关系"。如前所述，《易》原本是卜筮之书，而卜筮是企图了解人类所做的事情合天意与否，所以该书有着天人相与的思想；齐学之中，不只《易》，其他经书也力说这种关系。例如，伏生的《尚书大传》中，费力最多的是《洪范》的五行说；继承伏生学的夏侯胜，以说述五行灾异而著名。又如上所述，董仲舒的《对策》借《春秋》以力说天人相与之际，说国家政治的善恶，天显示灾异以警告人主。《齐诗》的名家翼奉也引用其师言论，说："天地设位，悬日月，布星辰，分阴阳，定四时，列五行，以视圣人，名之曰道。圣人见道，然后知王治之象，故画州土，建君臣，立律历，陈成败，以视贤者，名之曰经。贤者见经，然后知人道之务，则《诗》《书》《易》《春秋》《礼》《乐》是也。《易》有阴阳，《诗》有五际，《春秋》有灾异，皆列终始，推得失，考天心，以言王道之安危。”（见《汉书·翼奉传》）这便是说，五经都是说天人相关之理的。翼奉之师是也精通礼学的后仓，在渊源于后仓的二戴的《礼记》中有《明堂阴阳说》，这是站在礼学的立场上说述天人相关之理的吧。

总之，董仲舒所说的“观天人相与之际”，翼奉所说的“考天心以言王道之安危”，是齐学经说的一大特色。认识天人的关系，以为人道应该随顺天道本是中国古代民族的根本信仰，不一定是这一派的特色；但先秦的儒家大多主张借由内省人类的本性可以忖度天意，与此相对，这一派的学者主张鉴于天灾地异，可以知道政治的协天意与否，而这明显是齐学经说的特色。这种思想如追溯渊源，似是出诸邹衍的阴阳五行说。邹衍是与孟子约略同时而出自齐的思想家，认为宇宙万物是由木火土金水的五原素（即五行）产生的，一切现象都为五行消息之理所支配；邹衍的这种思想影响到儒教，便是阴阳灾异的思想，而这是齐学经说的一大特色。

总之，董仲舒出来以后的前汉经学者都相信人类的道德是随顺天命的，当人类的行为违反天命时，天便显示灾异来警告，同时，他们以为人类的本性中有着昭明不昧的德性，发挥这种德性便是人的道。但及其末流，这一点不知何时就消灭了，他们堕落到单注重占侯以预测将来的京房易学，及注意天灾、预告未来的谶纬说之中。

京房的易学用力于灾异占验，其渊源在于孟喜。孟喜是齐学《礼》的名家孟卿之子，曾从田王孙学《易》，因为得阴阳灾异之书，私改师法，齐学与《易》便连接在一起了。后来经焦延寿至京房，灾异说便更盛。因此《汉志》中也载有《孟氏京房灾异》六十六篇；京房说到后来便成了谶纬说。“谶”是“验”的意思，预言将来而使有征验，是这一派的目的；记载这种预言的文献，与“经”相对而称为“纬”，所以就叫谶纬说。谶纬的书，在《后汉书》的《樊英传》注中举有三十五部，在同书《张衡传》的注中有八十一篇，但现在仅存佚文，无法看到全貌。谶纬家都说这些书出于孔子，但如后汉张衡所说，其实出于前汉末哀、平之时。由这些佚文可知，谶纬之说出于以《公羊》为中心的齐学。例如，如清儒张惠言所说，纬书的《易纬 · 稽览图》是京房《易》,《诗》纬中残存的五际是翼奉学的余波。我们由此可以知道，齐学的末路是堕入谶纬说中。

第十二章

后汉的经学

我在前章中叙述，前汉的经学最初渊源于鲁人申培的鲁学，后来转为以董仲舒为祖的齐学。不过这是极其大略的论列，即令在董仲舒以后，鲁学的系统仍未断绝，宣帝时，与以《公羊》为主的齐学同时，源于《谷梁春秋》的鲁学也设有博士。但鲁学是发源于否定天人关系的荀子之学，而齐学是出诸肯定天人相关的孟子之学，则两派在根本思想上不会一致，经说之不同实不遑枚举。如果经学是“纸上谈兵”，那么此种差异可以作为异说而并存；但这是指导国家社会的活生生的学问，所以其差异非调和不可。基于此种必要而出现的派别，便是叫作“古文学”的一派，它在前汉末抬头，在后汉兴盛。

与后汉的经学被称为“古文学”相对，前汉的经学被称为今文学。所谓“今文”，是汉代通用文字隶书。前汉的经书是秦焚书后，学者将暗诵的著作用隶书写下来的本子，用这种本子来讲述的经学就叫作今文学。例如，《尚书》是秦博士伏生所传的二十九篇，《礼》是鲁高堂生所传的《士礼》十七篇，《诗》是辕固生与申公所传的三百篇，《谷梁春秋》与《公羊春秋》此前是口耳相授的内容，到汉代才写于竹帛之上；这些都是用隶书写下来的。但到景帝末年，鲁恭王为扩张其宫殿，毁坏孔子的旧宅，在壁中发现了用先秦时代的古文字写的《尚书》《礼经》《论语》《孝经》等古本数百篇。同时，河间献王尽力搜索书籍，得《周官》《尚书》《礼》《礼记》《孟子》《老子》等，这些都是用古文写的古本。献王之后，有毛公、贯公等学者，贯公好北平侯张仓获得的古文《左氏春秋》，毛公倡古文《毛诗》学，作《毛诗故训传》。这些古文的经典由献王献给了朝廷，为一部分学者研究，但还没有引起普遍注意。

成帝河平三年（前 26），诏光禄大夫刘向整理武帝以来藏在朝廷秘库中的书籍，哀帝时刘向整理一半而去世，其子刘歆受命继承父业。于是刘歆遍阅秘库中的书籍，将其中的古文《易经》与施孟、梁丘的今文《易》相对照，发现今文中常有脱字，反而是民间通行的费氏《易》的经文与古文相合。他又取《尚书》的古文经与今文经相比较，发现今文比古文少十六篇，而且有脱文脱字，文字的差异有七百余处。又，《礼》的古经有五十六卷，比高堂生所传的《士礼》多三十九篇。刘歆意识到在许多地方应该更尊重古文经典，尤其是看完《春秋左氏传》而喜欢后，他师从当时的丞相尹咸、翟方进而询问其大义，创见甚多，遂决意提议将《左氏春秋》《毛诗》《逸礼》及《古文尚书》立于学官。当时的学者不轻易赞同，因此他将这些古文经送给太常博士，论国初以来经学的消长，辩古今文的优劣，甚至于说“与其过而废之，宁过而立之”。但当时的当路者，以为刘歆非难先帝所立而改乱旧章，不准所请。此时刘歆的意见虽则不被容纳，但到哀帝死平帝立（公元元年），王莽执国政，便增置《左氏春秋》《毛诗》《逸礼》《古文尚书》四经博士，至王莽之世更置《周官》博士，这时古文学就被公认了。

试据两汉《儒林传》等表记古文学的系统如下页所示。

上列三经之外的古文《易》、古文《礼》及《周官》之学虽由刘歆倡导，但刘歆以前的学者不详。通览上列三经传授的系谱，《毛诗》与《左氏春秋》都依靠河间献王的博士，尤其是通两经的学者贯长卿；《古文尚书》最初起于孔子裔孙孔安国，似与献王没有关系，但献王得《古文尚书》《礼经》及《周官》之事明记于《汉书》本传，所以这些经书定与献王有关系。传《古文尚书》的胡常同时传《左氏春秋》，所以汉末《左氏春秋》与《古文尚书》之间就有了联系。因此，古文经的研究是以起于河间献王的门下为主的学问，这与齐鲁之学相对，

（古文尚书）

- 孔安国
  - 都尉朝—庸生—胡常—徐敖
    - 王璜
    - 涂恽
      - 贾徽—贾逵
      - 桑钦
  - 司马迁
  - 倪宽

（毛诗）

- 荀卿—毛亨—毛苌（河间献王博士）
  - 贯长卿—解延年—徐敖—陈侠—谢曼卿
  - 刘德（刘歆的祖父）

（左氏春秋）

- 荀卿—张苍—贾谊—贯公（河间献王博士）—贯长卿
  - 张敞
  - 张禹
    - 萧望之
    - 尹更始
      - 尹　成、翟方进—刘歆
        - 贾徽
        - 桓谭
      - 胡常—贾获—陈钦

可以叫作燕赵之学。

其次，据上表，《左氏春秋》之学出于荀卿，似与《谷梁春秋》同源，而且这一派的学者尹更始、尹咸、翟方进也都是列名于谷梁家的人，刘歆的父亲刘向也是《谷梁》的学者。我们注意到上列的几点，便可以想象《左氏》与《谷梁》之间有所关联。又《毛诗》序列上也有荀卿，现在《荀子》中说明《诗》的部分，有很多与《毛诗义》一致，所以这个系谱不一定是无稽之谈。而如前所述，《鲁诗》也出于荀卿，所以《鲁诗》与《毛诗》定然关系深远。又楚元王曾从申培学《鲁诗》，元王之子休侯之曾孙刘向也传《鲁诗》，刘向之子刘歆重《毛诗》，但也承认在三家诗说中《鲁诗》最好。由此可知,《鲁诗》与《毛诗》的关系并不浅。想来,《毛诗》与《左氏春秋》是由后出的古文经传而改订了的《鲁诗义》与《谷梁义》吧。现在《毛诗》的《总序》似《鲁说》,《毛传》之中有引《周官》之文而说诗的部分,说明上述的想象并不错误。我认为古文之学是由新出的古文经传而修正鲁学后的产物。

那么,古文之学提倡什么呢?由这一派代表者刘歆之手所成的《七略》可以看到大概。刘歆的《七略》早已亡佚不传,但《汉书·艺文志》大体依据《七略》,由此可知刘歆的古学的大意。《艺文志》把经书分为《易》《书》《诗》《礼》《乐》《春秋》六经,比较各经的今古文,强调古文的优点,最后总论六艺:

> 《乐》以和神,仁之表也。《诗》以正言,义之用也。《礼》以明体,明者著见,故无训也。《书》以广听,知之术也。《春秋》以断事,信之符也。五者,盖五常之道,相须而备,而《易》为之原。故曰:"《易》不可见,则乾坤或几乎息矣。"言与天地为终始也。

依据这一段话,刘歆以为《乐》《诗》《礼》《书》《春秋》这五经,分别教以仁、义、礼、智、信五常,并以《易》为五常的源泉。大概六经之中《易》是最哲学的著述，其中说述自然界之理，而这自然界之理，便是被看作人类道德的根本基础吧。刘歆将六艺如此排序后，再把论语类、孝经类与小学类（研究文学的书籍）三类附于六艺类之后，恐怕是因为他把六经当作孔子以前的典籍，把《论语》《孝经》当作传达六经精神的书籍，把小学书当作训释六经字义的书籍吧。后世的经学中，也有企图阐明六经精神的学派，与注重文字训诂的学派，而刘歆早已认识到经学上有这两个方面，自己也懂得这两个方面吧。其后的古文学仅向训诂的方面发展，呈现出经学即训诂学的情状。

后汉初年，继前汉之后，立为朝廷学官的经博士，都是今文学；不知道在什么时候，古文学占了优势，后汉经学的特征，便在于这古文学的发达。试将后汉古文学者中著名的人物的学问系统，立表如下：

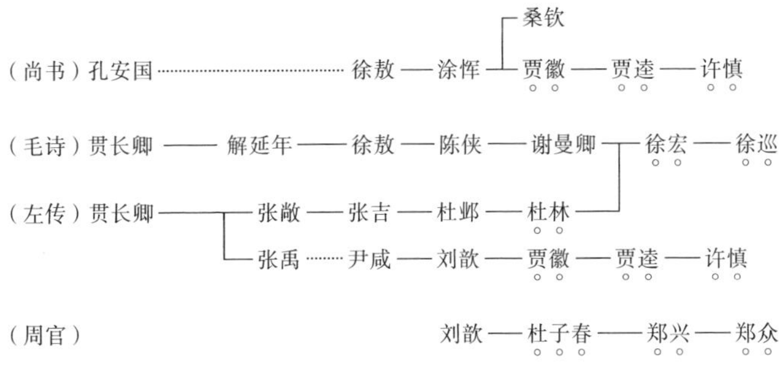

表中只有加空心圆圈的才是后汉的学者，此外是为显示其来源而记下的前汉学者。这些后汉的学者都是以训诂著名的人，写了许多注释书，其中的许慎可说是训诂学的大成者，名著《说文解字》比较篆文及古文籀文，从文字的构造上说明其意义，广引桑钦、杜林、卫宏、徐巡、贾逵的说法。许慎之后，出现了名重一时的马融，马融的弟子中有卢植和郑玄两位大家，他们对古文诸经广作注释，留下了许多著作。其中，郑玄（127—200）是山东高密人，最初师从京兆的第五元先治今文学，后来因卢植而事马融治古文学，是折中古今文而自成一家的学者。其著述有《周易》《尚书》《毛诗》《周礼》《仪礼》《礼记》《论语》《孝经》等典籍注释，又有讨论六经之要的《六艺论》等。他的折中态度在《仪礼注》《毛诗笺》《论语注》中最为明了。他注的《仪礼》将今文、古文两派的本子比较对照，勘正经文的异同，采用今文经的地方，在下面注明古文作某字，依据古文经的地方，在下面注明今文作某字，以定其长短。他作《诗笺》以《毛诗》为主，对于《毛义》隐略的部分加以敷陈，对于《毛义》不足部分及不稳妥的部分采用三家诗说，尤其是《齐诗》说。他注《论语》，也据《古文论语》订正张禹《鲁论》。如此，他折中今古文而自成一家，但重心在于古文。与他同时的今文学者何休，著《公羊墨守》《左氏膏肓》《谷梁废疾》等三书，排斥《左氏》《谷梁》两家而称扬《公羊》。郑玄反对何休，著《发墨守》《箴膏肓》《起废疾》，排斥《公羊》而尤重视《左氏》，由此也可知道他的重心在于古文。对于六经全体的见解，郑玄在《六艺论》中说："《易》者，阴阳之象，天地之所变化，政教之所生。"

又说："孔子以六艺之题目不同，指意殊别，恐道离散，后世莫知根源，故作《孝经》，以总会之。"

由此推测，可知他也把《易》当作说述人道的根源，把《孝经》当作说明六经精神的典籍，这与刘歆的见解大略相同。因而，在这一点上，郑玄对刘氏之说并没有特殊的发展；但他比较今古文，考证文字，研究训诂，使经学归于一是，不能不说是非常功绩。

第十三章

两汉的诸子

两汉是经学全盛的时代，但因承受周末的余风，诸子的著作也不少。我们在前面的两章中叙述两汉经学的大势，这里另换一章，就诸子的汉代著作叙述一下。

汉代的诸子，第一要推著有《新语》的陆贾。陆贾，楚人，汉高祖时拜太中大夫;他的著作在《史记》中举著《新语》十二篇，隋唐《志》中则著录二卷。现存著作为二卷十二篇，与《史记》及隋唐《志》的记录相一致，但其中有脱落误字，难读的地方很多。《新语》在开卷第一篇的《道基》中说:“天生万物,以地养之,圣人成之,功德参合而道术生焉。”其次说:“先圣仰观天文，伏察地理，图画乾坤，以定人道……于是中圣乃设辟雍庠序之教……明父子之礼、君臣之义……后圣乃定五经、明六艺”。最后说:“阳气以仁生，阴节以义降……《春秋》以仁义贬绝,《诗》以仁义存亡，乾坤以仁和合，八卦以义相承,《书》以仁叙九族，君臣以义制忠，礼以仁尽节，乐以义升降。仁者,道之纪,义者,圣之学。学之者明,失之者昏,背之者亡。”他把天、地、人三才之道归之于六艺，把六艺的精神括约于仁义二字之中；他说“阳气以仁生”，把仁看作生生之意,正是继承《易》的哲学吧。《新语》的文章有时颇与《易传》相似，又两次称引《系辞传》，便是陆贾尊重《易》的佐证。与《易》相并,他也举《诗》《书》《礼》《乐》及《春秋》，有时甚至引用《谷梁传》，所以可以想象，他的五经之学并不是出于孟子，而是继承荀子的思想。

据上所述,陆贾是纯粹的儒者,但他又说:“道莫大于无为，行莫大于谨敬。”(《无为》)“治以道德为上，行以仁义为本。”(《本行》)这里可见其受了道家思想的影响。在最后一篇的《思务》中，他甚至引证了《老子》的话。总之，他在政治上称扬无为之治，在道德上以仁义为极则，折中了儒与道。

次于陆贾而应考量的,是著《新书》的贾谊。贾谊,洛阳人，仕于文帝，至太中大夫，后任梁怀王的太傅。其著作《汉志》中举著五十八篇,隋唐《志》中作十卷,今本存十卷五十篇之目，惟其中两篇有目无文，而且拆《治安策》之文为数篇，所以现行本难详是否是古本原形。

《新书·六术》中把《诗》《书》《易》《春秋》《礼》《乐》六者称为六艺，人由这六艺以修身时，成了仁、义、礼、智、信、乐六行。这是儒家的主张。但《道术》中说："请问道者何谓也？对曰：'道者，所从接物也。其本者谓之虚，其末者谓之术。"下面再说明虚，即虚如镜之照物，美恶毕至，衡虚无私，平静而处，轻重皆悬，又如明主南面，保持虚静，令名自宣，命物自定。这不能不看作道家思想的影响。他又说明术："人主仁而境内和矣……人主义而境内理矣……人主有礼而境内肃矣……人主公而境内服矣……人主有法而境内有轨矣。"与上述"虚"的说明对照来看，知贾生在实际行为的标准上大体是继承儒家的教导，但从内面论到其心时，似是采用道家说。这与陆贾在政治行为上采取道家，在道德行为采取儒家而折中二者稍异其趣，但在糅合儒与道而立一家之说上是相同的。这恐怕是当时思想界的情势使然吧。

汉初的思想界还遗留着秦代的余风，有治申商之学的，也有治纵横之术的。晁错学申商刑名、主父偃治长短纵横之术即其例证。比这个更流行的是黄老之学。曹参听了盖公的话，希望以清静治国家；陈平修黄帝老子之术；汲黯好修黄老，治民以清静为旨；窦太后好黄老之言，骂儒书为司空城旦之书：这些都在说明这个时代的一般风尚。所以《史记》作者司马迁的父亲司马谈，在评论六家的时候，说阴阳、儒、墨、名、法五家各有长短，但对于道德即道家却激赏说："因阴阳之大顺，采儒、墨之善，撮名、法之要……无所不宜，指约而操易，事少而功多。"这里也可以看到时尚之一端。想要在这种道家流行的时代中展现出来，儒家自然也倾向于这方面。儒家与道家握手，强化独力势力，是董仲舒于武帝之时出世以后的事。自从董仲舒所谓"不在六艺之科、孔子之术"者皆应绝灭以统一思想的政策为武帝嘉纳，儒教便成了国教似的形态，如不是儒教，便不能跻于要路。于是此前流行的黄老之学不能在中央伸展骥足，遂都跑到淮南王刘安那边去了。

淮南王刘安，高祖之孙，生平嗜读书，招致宾客，因武帝的新国是而在中央失志的黄老之徒便争先集合于他的门下。这些宾客据说有数千人，其中著名的有苏飞、李尚、左吴、田由、雷被、毛被、任被、晋昌八人，被称作"淮南八公"。淮南王常与八公及大山、小山等儒者著书立言，成《淮南子》内书二十一篇、外书三十三篇及中书八篇，现在流传的只内书二十一篇。

通览《淮南子》内书二十一篇，可知其中把周末诸子几乎全部收入，极其该博:《天文》《时则》两篇为阴阳家言,《地形》

为形方家言,《兵略》为兵家言,《主术》为法家言,《齐俗》《修务》中有农家言,《缪称》中有儒家言。但它的中心思想是道家言,《淮南子》二十一篇可以说是由道家来折中诸子。淮南王门下集合了在中央政府中不得志的异术之士，可以想象，其中最有势力的是汉初以来流行的道家。但有一点要注意：汉初的道家都崇奉黄帝、老子，将之并称黄老,《淮南子》中老子与庄子并称，“考验老庄之术”。还有一点要注意的，是与《淮南内书》对应的《中书》。《中书》今已亡佚不传,据《汉书·刘向传》,此书被称为《枕中鸿宝秘书》,是总述神仙术的。那么，淮南门下似盛行研究神仙术。因而，淮南门下的倾向可以说是从老庄进而至于神仙吧。

如上所述,淮南王的门下集合了种种异术,一时非常热闹,但不久，淮南王的阴谋暴露，受了弹压，结果董仲舒的儒教一尊主义风靡一世。

董仲舒的儒教一尊主义，黜黄老百家之言，在思想统一上是成功了，但这派人所崇奉的齐学派的经学中混杂不少阴阳家的迷信思想，遂堕落到了谶纬的迷信中，走上末路。为了拯救这种堕落，扬雄出现了。

扬雄，蜀之成都人，天凤五年（18）年七十一逝世，是与古文经学泰斗刘歆同时的学者。刘歆倡导古文学，使前汉以来的经学一新，扬雄则著《太玄》及《法言》二书，以救时弊。

《太玄》模仿《易》而作，《法言》是类似《论语》而作的著作，但他的《太玄赋》说："观大《易》之损益兮，览老氏之倚伏，省忧喜之共门兮，察吉凶之同域。"由此来看，《太玄》的思想折中了《老子》与《易》。又《太玄·玄莹》说："夫作者贵其有循而体自然也。"这是采择《易》《老》的自然因循之教。换句话讲，他采纳《老子》的哲学而改写《易》。那么，他有什么必要改写《易》呢？《法言》说明这一点：

> 或曰："述而不作，玄何以作？"曰："其事则述，其书则作。"
>
> 或曰："玄，何为？"曰："为仁义。"曰："孰不为仁，孰不为义？"曰："勿杂而已矣。"（《法言》四《问神》）

"勿杂而已矣"一句表示他作《太玄》的目的，即想拯救堕入谶纬中的经学之弊。他又说：

> 或问："圣人占天乎？"曰："占天地。若此，则史也。"[曰:]"何异？"曰："史以天占人，圣人以人占天。"

(《法言》八《五百》)

此处“以天占人”，是指借天的灾异以判断人事吉凶的谶纬家。而“以人占天”是说应该修人事以知天道，是想打破当时的弊害。他又说：

> 或问：“人言仙者，有诸乎？”曰：“吁，吾闻伏羲、神农殁，黄帝、尧、舜殂落而死，文王毕，孔子（葬于）鲁城之北，独子爱其死乎？非人之所及也！……”有生者必有死，有始者必有终，自然之道也。(《法言》十二《君子》)

这是排斥淮南末流的神仙家说。他排斥当时经学之堕落及淮南门下的怪说，而欲使归于孔子之道、五经之说，至“古者，杨墨路塞，孟子辞而辟之，廓如也；后之塞路者有矣，窃自比于孟子”(《法言》二《吾子》)，则其自任也自然可知。他说孔子是入道的门户（《吾子》)，但又说“老子之言道德，吾有取焉耳”(《法言》三《问道》)，也采取老子的长处，重视自然之道。他又尊重孟子，说其知不异于孔子，同时认荀卿为同门而异户者（《法言》十二《君子》)。他折中两者的性说“人之性也善恶混，修其善则为善人，修其恶则为恶人”(《法言》三《修身》)，说述修身的重要。总之，他采取孔子、老子、孟子及荀子的长处，从自然之道以进至仁义，借以排斥谶纬说及神仙说，试图革新时代思潮。

扬雄匡救时弊的意气很盛，只是他的文章过分修饰，华藻有余而达意不足。但他的门下有桓谭，用平易的文章表达了所要讲的话。

桓谭，沛国相人，仕于后汉光武帝，其著述据说有《新论》二十九篇，今不传。但我们借由各书所引的佚文，可以知其大体。据说他学于刘歆与扬雄，但特别尊敬扬雄，激赏扬雄说："扬子云才智开通……卓绝于众，汉兴以来未有此人也。"(《论衡》引《新论》)他继承了扬雄的主张，排斥谶纬与神仙。《后汉书》本传中说："观先王之所记述，咸以仁义正道为本，非有奇怪虚诞之事。今诸巧慧小才伎数之人，增益《图》《书》，矫称谶记……诖惑人主。"这是揭发纬书的伪作，且非难谶验。刘歆相信神仙说，认为如果能压抑嗜欲便可防止衰老，对此桓潭指庭前老树说，此树并没有嗜欲，但不也会枯萎吗？(《太平御览》九六五引《新论》)，这个故事正是排斥神仙说的一个例子。

桓谭的《新论》今已不传，所以我们无法知其详细见解，但其后王充出，继承其思想，并留下详细的论著。王充是会稽上虞人，生于建武三年（27），死于永元中（98—104）。著述中有《论衡》三十卷传世。他激赏桓谭，说："《新语》陆贾所造，盖董仲舒相被服焉。"（《案书》）又说："仲舒之言道德政治，可嘉美也；质定世事，论说世疑，桓君山莫上也。故仲舒之文可及，而君山之论难追也。"（同上）他又说："众事不失实，凡论不坏乱，则桓谭之论不起。……是故《论衡》之造也，起众书并失实，虚妄之言胜真美也。"（《对作》）把自己的著作比之于《新论》。王充又说："虚妄之语不黜，则华文不见息；华文放流，则实事不见用。故《论衡》者，所以铨轻重之言，立真伪之平，非苟调文饰辞，为奇伟之观也。"（同上）以平易的文章，打破世俗的迷信。在《书虚》《变虚》《异虚》《感虚》《福虚》《龙虚》《雷虚》《道虚》等八篇中，他对于灾异、祸福、吉凶之说，指摘其虚妄多端；在《论死》《死伪》《订鬼》诸篇中，他排斥灵魂不灭的见解；在《讥日》《卜筮》《辨祟》《难岁》等诸篇中，他排斥一般世俗的迷信；在《讲瑞》《指瑞》《是应》等篇中，他论证不可能有瑞兆；在《语增》《儒增》《艺增》三篇中，他证实文献中的妄增窜加，遂在《非韩》中非难韩非，在《谈天》《说日》中非难邹衍及天文家之说，在《问孔》《刺孟》中说孔孟之说亦有矛盾，亦可讥刺。

《论衡》全书都尝试打破迷信，在这些地方可见王充继承扬雄、桓谭的遗绪，并将之推演。不过，他在《论衡》中虽纵横无尽地试其破邪的锐锋，但在显正的方面就略有欠缺。他在《自然》中说，一切现象都是从天的行动而产生的，这行动便是自然。自然是没有意志而能动之意，亦可称之无为。在人类中，至德纯渥的人禀天气多，所以能则效天之自然无为。禀气薄小者不似天地，所以称之为不肖之人。不肖是不似天地之无为，即有为。贤之纯者乃黄帝、老子，他们操身恬淡，无心于为而物自在，无意于生而物自生。《易》中说："黄帝、尧、舜垂衣裳而天下治。"《论语》中说："大哉，尧之为君也，巍巍乎！惟天为大，惟尧则之。"便是这个意思。(《论衡·自然》)由此可知王充与扬雄一样，皆采取黄老之自然因循主义。他相信因循自然为绝对之事，对于人类的道德及修养的过程则讲得很简略，以为人性中有善恶高下之别也是自然。在《本性》篇，王充列述世硕、公孙尼子、孟子、告子、荀子、董仲舒、刘向、扬雄等人之性说，最后说："自孟子以下，至刘子政，鸿儒博生，闻见多矣。……丰文茂记，繁如荣华，诙谐剧谈，甘如饴蜜，未必得实。实者，人性有善有恶，犹人才有高有下也。……孟轲言人性善者，中人以上者也；孙卿言人性恶者，中人以下者也；扬雄言人性善恶混者，中人也。"他以为人性是不能变易的。(《本性》)

总之，王充之《论衡》对于打破当时的迷信贡献甚大，但未能树立新哲学而利导世务。所以后来的诸子转换方向，折中儒家与法家，发有益于当世之用的议论。

代表这个新倾向的诸子，主要的是作《潜夫论》的王符与著《昌言》的仲长统。

王符，安定临泾人，生死年代不明，因其与马融（78—166）为友，大概是桓帝时代的人。王符从小好学问，有志操，立仕官之意，著书三十余篇，现有《潜夫论》三十六篇。各篇之内容，在最后之叙录中说明；校订此书的汪继培更概括地说："王氏精习经述，而达于当世之务……不为卓绝诡激之论，其学折中孔子，而复涉申、商刑名，韩子杂说。"这很能把握其要点。即王符此书以法家之说润色儒家主张，句句皆能实际适用。《四库全书提要》品评此书说："符书洞悉政体似《昌言》，而明切过之；辨别是非似《论衡》，而醇正过之。"则他继承王充的批评态度，将视角转移于政治问题上，于儒家之中添加了法家的思想。

仲长统（179—220）是山阳高平人，建安中担任尚书郎，后来参与曹操的军事，其著作有《昌言》三十四篇。《昌言》今亡佚不传，《群书治要》《意林》与《后汉书》本传中尚摘录其主要章节，严可均之《全后汉文》收拢这些散见的章节，更广辑佚文，故由此可知其大体。开首所说"德教者，人君之当任也，而刑罚佐助焉”一句，便表示《昌言》之内容折中儒家与法家，与《潜夫论》同样。总之，王符及仲长统劝诫浮靡，辨章功实，任贤考功，以礼制之，以刑威之，以改善衰世之风俗，是法家色彩很浓厚的儒家。这种法家化的儒教，到下一时代，由曹操实行了。

中古期　三教交涉的时代

第十四章

从儒教到老庄

后汉亡（220），便成了魏、吴、蜀三国鼎立的时代。魏国创业主是曹操武帝，其子文帝曹丕善继其父业。文帝有称为《典论》的著述，序中说：

> 上雅好诗书文籍，虽在军旅，手不释卷。每每定省从容，常言人少好学则思专，长则善忘，长大而能勤学者，唯吾与袁伯业耳。余是以少诵《诗》论，及长而备历五经、四部、《史》、《汉》、诸子百家之言，靡不毕览。

“上”即指武帝，所称“余”即指文帝，故可知武帝父子是爱好学问之人。武帝有《兵书接要》，似乎是集《太公阴谋解》三卷、《孙子略解》三卷、《续孙子兵法》二卷、《司马兵法注》一卷、《兵法要论》一卷总计十卷而成；惟至今尚存的只不过是以《魏武注孙子》为名的《孙子略解》三卷。就此来看，武帝似是兵法学者。《魏书》评判他说："太祖御军三十余年，手不舍书。昼则讲武策，夜则思经传。"在参与他的军事的学者中，有仲长统那般的儒者，因此武帝或许也是通达儒教之人。前面已说过，仲长统是《昌言》的著者，而《昌言》乃带有浓厚法家色彩的儒家言，刘勰的《文心雕龙》说："魏之初霸，术兼名法。"又《魏志》评曹操曰："揽申商之法术，该韩白之奇策，官方授材，各因其器。"就此推测，则曹操的儒学一定是与《昌言》同样，带有法家色彩的。魏朝的施政方针是强迫极端节俭，后宫食不重肉，衣不锦绣，茵蓐不缘，器物不施丹漆（《卫觊传》），所以臣下也变成这样，大官甚至也揣壶飧上官署（《和绘传》），列卿日日吃干饭，衣服破了用纸补缀（《卫觊传》）。这一切或许都源于劝诫浮靡的《昌言》的主张。

继曹操之后的文帝，在黄初之初兴学官，增博士员额，图儒学之兴隆，当时的学者中出现了王肃。王肃，字子雍，其父王朗师从后汉末学者杨赐，传授今文学，故王肃显然亦精通今文学；他又好贾逵、马融之学，折中今古文，撰录《书》《诗》《三礼》《左氏》《论语》的注解，都为学官采用。其折中今古文的态度与郑玄同样，但他反对郑玄。据说郑玄用今文之处，他便用古文，郑玄采古文之处，他就改为今文。王肃又有《圣证论》十二卷，乃依据《孔子家语》以驳斥郑玄。据说他所据的《家语》一书，乃个人伪增的。他如此每事都反对郑玄，但意见相左之处主要是礼制和字句的解释，很少与大义有关。之后，《圣证论》便成为郑学和王学论争的中心，奉郑学的马昭既驳斥他，王学之徒孔晁则应辩，博士张融亦批判之。同时，孙炎亦奉郑学，著《圣证论驳》，但此人又著《尔雅注》六卷及《尔雅音》一卷，潜心于文字的训诂。

就这些事实来看，则自古文学兴起以来，学者渐重文字的研究，逐步讨论到细小的问题。研究文字很盛，从张缉的《广雅》三卷、《古今字诂》三卷，到曹侯彦的《古今字苑》十卷等书籍陆续出世便可知道，由三体石经的树立亦可明了。三体石经是用古文、篆、隶三体书写《尚书》《春秋》的碑文，其中的古文据魏初邯郸淳所传的古文经传，文字笔法似乎受到当时学者的质疑。于是，此时经学的主要问题是文字的训诂及笔法，与大义无关。鱼豢的《魏略》这样记述当时学界的状态：

> 大学始开，有弟子数百人。到太和、青龙（227—236）中，中外多事，人怀避就，虽姓非解学，多求请太学。太学诸生有千数人，而诸博士率皆粗疏，无以教弟子。弟子本亦避役，竟无能习学。冬来春去，岁岁如是。又

> 虽有精者，而台阁举格太高，加不念统其大义，而问字指墨法点注之间，百人同试，度者未十。是以志学之士，遂复陵迟，而末求浮虚者各竞逐。(《魏志》卷十三注引《魏略》)

就此看来，当时的学问似乎拘泥于文字的意义与笔法的枝节，毫无生意。因而，这个时代的社会受后汉末诸子的影响，强化在严厉法律下过极端的禁欲生活，思想方面则受训诂学之余弊，失却指道精神，结果稍有才能者都脱离儒教而走向老庄。

所谓老庄之学，乃信奉老聃、庄周之道的学派名称，是道家之一派。汉初信奉道家的人很多，窦太后是特别热心的信奉者，故此派势力很大。当时此派的人们并称黄帝与老子，名为黄老学。但至武帝即位，儒家得势，黄老之学便失势于中央，仅集于淮南王刘安之下维持余势。他们在淮南王门下编纂《淮南子》内书二十一篇、外书三十三篇、中书八卷，同时注意转向庄周，编纂《庄子》五十二篇，似乎是从此便敬仰老聃、庄周为宗师而形成了老庄学。可是，其后的两汉思想界已成为儒家独霸的舞台，几乎不见老庄的活跃，仅由后汉许慎和高诱注解《淮南子内书》、著《淮南子闲诂》及《淮南鸿烈解》可想象一部分人尚不忘却老庄之学。及魏晋之际，时势一变，老庄之学抬头，老庄思想压倒儒学而居其上。这种转换期的代表者是王弼和何晏。

王弼字辅嗣，正始十年（249）二十四岁逝世。王弼的族祖王粲，得后汉名儒蔡邕之遗留书籍，后传给王弼之父王业，王业又传给其长子王弘。王弼幼时便读诵其兄书籍，博览群书之名甚高，著有《老子注》二卷和《易注》六卷。他的《老子注》以庄子思想解释老子，较从前的解释更进一步。他的《易注》据《费氏易》（古文《易》之始祖），首次借老庄之哲学以说明《易》。试举一例，他在《易 · 复卦》的彖传“复其见天地之心乎”一句之下，注解说：

> 复者，返本之谓也。天地以本为心者也。凡动息则静，静非对动者也。语息则默，默非对语者也。然则天地虽大，富有万物，雷动风行，运化万变，寂然至无是其本矣。故动息地中，则天地之心见也。若其以有为心，则异类未获具存矣。

其解释完全本老庄之说。他的《易注》仅解上下经和《彖象传》，未及《系辞传》，但韩康伯继承其见解，写成系辞之注，且在系辞“一阴一阳之谓道”句下注解说：“云道者何？无之称也，无不通也，无无由也，况之谓道。”由此可想象王弼、韩康伯之《易注》如何受老庄之影响。

何晏，字平叔，有天聪之誉，好老庄，书《老子》之注。传闻他后来见王弼之《老子注》，服其清奇，感叹“若斯人者，可与言天人之际乎”，遂焚烧了自己的注解，故也算是王弼一派。他又有《论语集解》二卷。《集解》是集积前人对《论语》的注解，更补其不足之处，这补足的部分受老庄思想的影响，例如，他在《述而第七》“子曰：‘志于道’。”句下说：“志，慕也，道不可体，故志之而已。”又注于《先进第十一》：“回也其庶乎，屡空。”句下说：“空，犹虚中也。”两处皆以老庄哲学解儒教经典。总之，后汉末至魏初，古文学之进展既带来注重文字训诂的坏处，又带来以《易》和《论语》来阐明儒教精神的倾向，正始以后，又出现借用老庄哲学来说明《易》《论语》之意义的学者。其后老庄学研究日盛一日，自魏至晋之间便有无数老庄注释书。钟繇的《老子训》、董遇的《老子训注》、张揖的《老子注》、何晏的《老子道德论》、阮籍的《道德论》、钟会的《老子注》、孟康的《老子注》、荀融的《老子义》、虞翻的《老子注》、范望的《老子注训》、王尚的《述老子》、程韶的《老子集解》、张凭的《注老子》、孙登的《老子集注》、崔譔的《庄子注》、向秀的《庄子注》、司马彪的《庄子注》、李颐的《庄子集解》、张湛的《列子注》等几不胜枚举，与儒者的注解讲疏相抗衡。刘勰在《文心雕龙》说，正始中“何晏之徒始盛玄论，于是聃周当路，与尼父争途矣”，诚非我欺之言。老庄学这般地盛行，便形成了避俗事尚清谈的时代思潮，赵瓯北《廿二史札记》中评论此风潮说：

> 清谈起于魏正始中。何晏、王弼祖述老庄，谓天地万物皆以无为本。无者也，开物成务，无往而不存者也。(《王衍传》) 是时阮籍亦素有高名，口谈浮虚，不遵礼法。(《裴頠传》) 籍尝作《大人先生传》，谓世之礼法之君子，如虱之处裈。(《阮籍传》) 其后王衍、乐广慕之，俱宅心于事外，名重于时，天下言风流者，以王、乐为称首。(《乐广传》) 后进莫不竞为浮诞，遂成风俗。(《王衍传》) 学者以老庄为宗而黜《六经》，谈者以虚荡为辨而贱名检，行身者以放浊为通而狭节信，仕进者以苟得为贵而鄙居正，当官者以望空为高而笑勤恪。

这实为简略而得其要之言。而时尚之所趋，汤汤成俗，虽偶有裴頠、江淳、范宁等二三忧时之士，思以矫正之，亦不能挽狂澜于既倒，徒传阮籍、阮咸、嵇康、山涛、向秀、王戎、刘伶等竹林七贤之名。

第十五章

从老庄到佛教

老庄学之全盛，一方面引发仅取清谈雅论、娱心悦目的时尚，另一方面助世人对新来的印度思想即佛教的理解。

佛教后汉才传至中国，不久为楚王英所信奉，至后汉末桓帝时代已由朝廷奉祠。中国人真正理解佛教，大约是从魏晋时代开始的。试批阅辑录后汉至梁朝之僧徒传记的慧皎的《高僧传》，在后汉至魏之间仅列有从事翻译佛经的译经僧传记，而完全不见义解僧。这大概暗示着魏末以前还没有中国人真正理解了佛教。中国人尝试踏出一步，理解佛教，以魏末朱士行为开端。

朱士行，颍川人，少怀远志，摆脱尘俗。其后出家，专务经典的研究，爱读后汉竺佛朔所翻译的《道行般若经》，曾试讲说，但苦于文意不解，遂于魏甘露五年（260）为寻觅原本而前往西域。他渡过沙漠入于阗，得胡本九十六章六万偈，命弟子弗如檀等十人送归洛阳。其后他死于于阗国，但该经于晋太康三年（282）至洛阳，五年后移至许昌，又经五年后的元康元年（291），在陈留界仓垣的水南寺为竺叔兰译出，太安元年（302）又为竺法寂、竺叔兰整理。这就是被称作《放光般若经》的经书。《放光般若》相当于《大般若第二会》的部分，别译有《光赞般若经》。《光赞般若》是竺法护翻译自于阗僧祇多罗所携之书，其原本进入中国是《放光》原本抵达的四年后，但其翻译之完成在《放光》翻译前五年。新出的《放光般若经》盛行于京华，流传于中山，其后太元元年（376），释道安讲此经，得别译《光赞般若》，对照而著《般若放光品折疑准》一卷、《般若放光品折疑略》二卷、《般若放光品起尽解》一卷、《光赞折中解》一卷、《光赞抄解》一卷、《道行品集异注》一卷等，努力宣传般若思想。佛教入中国至此为止凡经三百余年，此间由于许多翻译家之努力，无数经典得以译出。可是这些都没有像般若经典那般引起学者的注意。此般若部经典为人重视之原因，乃般若的教理和老庄的思想近似，而老庄学的盛行便帮助了对这种经典的理解。

般若部经典，一言而尽之，是说诸法皆空之理，但当时学者以老庄的“无”字解这一“空”字，呼之为格义。所谓格义，即指用外典即《老》《庄》《周易》等书去说明佛教的教理，道安时代以前的学者大多基于老庄之说解释般若之“空”。真正理解般若的教理，是罗什渡来，译出大乘之论如《中论》《十二门论》《百论》等之后。罗什以前也有类似说明。据僧肇的《不真空论》和嘉祥吉藏的《中论疏》，在罗什以前解释般若之空的学说有三家之义。所谓三家之义，即本无义、心无义、即色义三者。

第一的本无义，《中论疏》上说是琛法师的学说，僧肇则说是竺法汰之说。但竺法汰大概是竺法深之误，琛法师则是深法师之讹。竺法深原名道潜，法深即其字。他初学于中州的刘元真，年二十四岁讲《法华》及《大品般若》(恐怕是《放光般若》吧)，晚年隐于剡山(今浙江绍兴)，讲大乘经典及老庄，晋宁康二年(374)八十九岁卒。他的本无义，据嘉祥的《中论疏》这样说明：

> 本无者，未有色法，先有于无，故从无出有，即无在有先，有在无后，故称本无。

这恐怕是用《老子》的“天下万物生于有，有生于无”思想来解释般若的空，据此，般若所说的诸法皆空乃指诸法，即现象的本体为无。

第二的心无义，据《中论疏》说是温法师之说，而惠达的《肇论疏》上说是竺法温之说。竺法温恐怕就是《高僧传》中的竺法蕴吧。据《高僧传》，竺法蕴是竺道潜的弟子，入悟解玄，并善《放光般若》。他的心无义，在惠达的《肇论疏》上这样说明：

> 夫有，有形者也；无，无象者也。有象不可言无，无形不可言有。而经称色无者，但内止其心，不空外色。但停其心，令不想外色，即色想废矣。

据此，法蕴的心无义认为，般若经典中所说的一切色法空，不是说一切现象是空无的，而是说虚我之心则色想止。这恐怕是取自《老子》的“常无欲，以观其妙”（第一章），又取自其下的王弼注：“妙者，微之极也。万物始于微而后成，始于无而后生，故常无欲空虚以观其始物之妙。”

第三的即色义，是支遁之说。据《高僧传》，支遁原姓关，字道林，岁十五而出家，晚年游吴，建支山寺，后投于剡山，在沃州小岭建一寺，后又移居于石城山。至东晋哀帝即位（362），其应诏入都，住于东海寺，讲《道行般若》，逗留三年辞都，入余姚山中（一说是剡山），年五十三而卒。其卒年当东晋废帝太和元年（366），故大概比竺道潜年少二十八岁。

他的老师是谁尚不清楚，但他给一个人信中说："上座竺法深，中州刘公之弟子……弘道之匠也。顷以道业靖济，不耐尘俗，考室山泽，修德就闲。今在剡县之仰山，率合同游，论道说义，高栖皓然，遐迩有咏。"其喜欢剡山，大概是倾慕竺道潜吧。支遁有《道行旨归》《即色游玄论》《庄子逍遥篇注》等著作，所以一定也是般若学者且精通老庄之人。惠达的《肇论疏》引用他的《即色游玄论》，这样说：

> 吾以为即色是空，非色灭空。此斯言至矣。何者？夫色之性，色不自色，虽色而空。如知不自知，虽知恒寂也。彼明一切诸法，无有自性，所以故空。

照此看来，支遁认为《般若经》所说的"即色是空"，并不是否定色（万物）的实在。万物是实在的，但我们所认识的万物的形态不能决定即其本性。因为一切诸法时时刻刻都在变化，我们不能以瞬间的形相立刻说是诸法的实相。因而，他的《即色游玄论》主张，人不宜固执瞬间的形相，而应该游于玄虚之境。其《逍遥游注》也是以同样的观点解释《庄子》。

以上三家之义之后，出现了道安的本无义。"本无义"这一名称虽与竺法蕴的"本无"同样，但见解大不相同。道安俗姓卫氏，常山扶柳（今河北衡水市冀州区西南）人。初学于邺都中寺的佛图澄，后移居山西各地，晚年居于湖北襄阳十五年，建檀溪寺从事讲学，但建元十五年（379）苻坚陷襄阳后时，为苻丕所获，赴长安居于五级寺，太元十年（385）七十三岁而卒。他的著述有二十余种，讲说各种的经典，其中特别用力的便是般若经典，其《摩诃般若波罗密经抄序》这样说："昔在汉阴，十有五载，讲《放光经》，岁常再遍。及至京师，渐四年矣，亦恒岁二，未敢堕息。"（《出三藏记集》卷八）就此可知他如何热衷于《放光般若》。他既研究《放光般若》，但犹有不甚明白之处，故努力获得竺叔兰、无罗叉所译《光赞般若》，委托当时将作天竺之行的慧当、进行、慧辩三人在凉州代为抄录，后与之对照作《略解》（《出三藏记集》卷八《合放光光赞随略解序》），从此可见其研究的态度。他如此潜心于般若，结果已理解般若的真意，于是提倡新的本无说。

他的弟子之中有著名的庐山慧远，亦承继了他的本无说。关于道安和慧远的本无说，慧达在《肇论疏》中这样说：

> 如来兴世，以本无弘教。故《方等》深经，皆云五阴本无。本无之论，由来尚矣。须得彼义，为是本无。……若能苟解本无，即异想息矣。（以上道安本无论）
>
> 因缘之所有者，本无之所无。本无之所无者，谓之

> 本无。本无与法性，同实而异名也。性异于无者，察于性也。无异于性者，察于无也。察性者不知知无，察无者不知知性。知性无性者，其唯无察也。（以上慧远本无论）

对照此二段文章来看，便可明白道安的本无之意义何在。道安认为大乘经典中所说的一切诸法是空或无，并不是否定现象的存在，而是说一切现象都由因缘和合而生，这因缘和合所生的万物的相，时时刻刻都在变化，毫无定所，所以它们不是万物的本性。万物的本性是不变不易的，是超越人类认识的。由此可知，道安的本无义和支遁的即色义意义几乎相同。嘉祥在《中论疏》上这样赏赞说：道安的本无和支遁的即色名异实同，与后起的罗什门下僧肇的不真空之说意义相同。

对照上述三家之义与道安之本无义来考察，则可以看到从竺法蕴的本无义到心无义，从心无义到即色义及道安的本无义，思想在一步一步地发展。最初的本无义借老子哲学去解释般若的空，把无看作是诸法的本体；随后的本无义借王弼的《老子义》，说明空是人类虚其心；最后的支遁和道安在认识论立场上解释空的意义，主张人类所看到的诸法的相不是其真性。至此中国人终于触及般若的本义，则我们可以想象老庄哲学是如何帮助对般若的理解，同时知道老庄思想与般若思想的不同点在哪里。要之，老庄的无是就本体论去说无，般若的空或无乃就认识论而说。这便是佛教和老庄的分水岭。然而，最初的学者不理解这种区分，直接以老庄说明佛教，支遁、道安既出世后，最终注意到这一点，深化到触及佛教精神。而这种精神至其后罗什来到中原，翻译出龙树、提婆的大乘论后更加明了地被中国人意识到。

罗什具称鸠摩罗什，龟兹国人，七岁出家，九岁入罽宾国学习小乘，留三年而归，途中经月氏、疏勒至莎车国，学习大乘，其后由温宿国归龟兹，住于王新寺，后迁居雀梨大寺，广诵大乘经典。弘始三年（401）他被带往长安，弘始十五年（413）卒于长安大寺。他在长安十三年间译出经典甚多，或说三十九部，或说达七十三部，其中最著名的是：

一、《新大品经》二十四卷。（或说，《摩诃般若波罗蜜经》四十卷）

二、《新小品经》七卷。（又云《小品般若波罗蜜经》十卷）

三、《大智度论》百卷。

四、《中论》四卷。

五、《十二门论》一卷。以上三种龙树著。

六、《百论》二卷。提婆著。

七、《新法华经》七卷。（又云《妙法莲华经》八卷）

八、《遗教经》一卷。（又云《佛垂般涅槃略说教诫经》一卷）

据门人僧叡记载,罗什曾说过:“《般若》除其虚妄;《法华》开一究意;《泥洹》阐其实化：此三津开照，照无遗矣。”故他似乎认为以《般若》《法华》《涅槃》这三经相互辅足，成为完全的教理。涅槃部分的经典,罗什仅译出《遗教经》一卷,故他的教理中心必定还是在般若、法华。尤其是般若,他在《大品》(《放光经》及《光赞般若》译本）和《小品》(《道行经》译本）已经翻译出来的基础上，更翻译了基于般若经典的论部书籍，即《智度》《中》《百》《十二门论》等，借此一窥般若部经典的真意，因此其门人在此方面学问特别优异并不是偶然。罗什门人三千，优秀者不乏其人，以僧叡、僧肇、道融、道生四人称为“什门四哲”。兹将四哲的门生，列系谱于下：

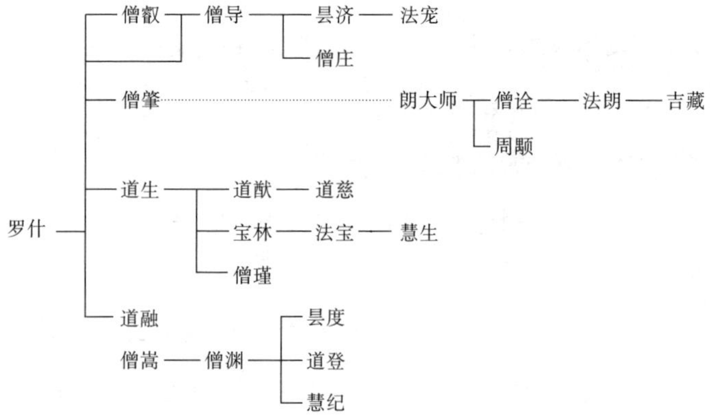

四哲中的僧叡与僧肇，于罗什殁后犹在关中，道生则随其同学慧叡、慧严、慧观等归江南，有系谱所示的后继者。道融归彭城，持续讲说，门下弟子盈三百，不过姓名不传。《魏书·释老志》中说，彭城白塔寺有僧嵩、僧渊等，传罗什之学，那么他们或许是受道融之化。关于道生、道融之后学，今无特说之必要，不过僧叡和僧肇之门发展出三论宗，值得注意。

僧叡注大、小品《般若》，作《智度》《中》《百》《十二门论》之序文，本就是三论之至人。其门人僧导亦曾直接师事罗什，晚年住在寿春的东山寺，作《三论义疏》。僧导的弟子僧庄又传师说，作《中论文句》。导的弟子又有昙济，继师之后居于东山寺，后渡江入中兴寺，集道俗之信仰。昙济有著述《七宗论》，嘉祥的《中论疏》亦曾引用之，其内容乃敷陈批评僧叡的六家之语。由上所述，可知当时存在自僧叡至昙济的三论一派。

僧肇则是京兆人，罗什在姑藏时僧肇已入其门，罗什至长安后，他更是一直助其翻译事业。著作有《般若无知论》《物不迁论》《不真空论》及《涅槃无名论》四篇论文，又有《维摩经》之注。当中的《不真空论》是批评本无、心无、即色三家之说，最后论证万物不是真物，故是空。其后，高丽的朗大师在关中学习僧肇此说，传之于江南，得梁武帝之尊信，命之授于止观寺僧诠等十位名僧，又教授隐士周颙，周颙便著《三宗论》。僧诠门下出皇兴寺法朗，法朗的弟子中出嘉祥寺吉藏，三论宗遂由吉藏即嘉祥大师之手而大成。因而，在江南大成的三论，与以北地寿春为根据地的僧叡、僧导派是不同的系统，嘉祥把僧导一派诸师称为北土三论师。

嘉祥大师吉藏，梁太清三年（549）生于金陵，七岁时成法朗之弟子。三十三岁时法朗入寂，他从此游吴越之境，住嘉祥寺，张其讲筵。隋大业二年（606）奉炀帝之敕入长安慧日寺，后移居日严寺，及至隋亡而唐兴，受高祖之优遇，武德六年（623）七十七岁而殁。嘉祥一生中讲《三论》一百余次，讲《法华》三十余次，注疏达四十余部之多，其中最著名的是《中论疏》二十卷、《百论疏》九卷、《十二门论疏》六卷和《三论玄义》二卷。前三种应是《中》《百》《十二门》的解释，而后一种是其概论。因此我们借《三论玄义》便可知此宗之要点。

据《玄义》所说，此宗的经典是《中》《百》《十二门》这三论，其义不出破邪与显正这二辙。破邪是使之离开一切固执之教，而使之离开一切固执便是显正，则此宗之要义最终可归于破邪之一途。于是，《玄义》中便要破（一）外道、（二）毗昙、（三）成实、（四）大执四者。后三者是批判嘉祥以前中国兴起之佛教，而最初的外道是破佛教以外的哲学宗教，其中分天竺之外道和震旦之外道而破释。《玄义》为破释外道，列出佛教与外道的六处不同点，呼之为六义：

一、外但辨乎一形，内则朗鉴三世。

二、外则五情未达，内则说六通穷微。

三、外未即万有而为太虚，内说不坏假名而演实相。

四、外未能即无为而游万有，内说不动真际建立诸法。

五、外存得失之门，内冥二际于绝句之理。

六、外未境智两泯，内则缘观俱寂。

此处内是指佛教，外是指震旦之三玄，即《易》《老子》《庄子》。《易》代表儒家哲学，《老子》《庄子》代表道家哲学。以上六条中，一、二、五主要是论儒与佛的优劣，三、四、六是论佛道的优劣。据此可知，道家哲学与佛家哲学的区别在于：第一，道家把万有之本体叫作太虚，认为万有是有为的，太虚是无为的，以此区别本体和万有。反之，佛教特别是三论宗认为假名（现象）即实相，诸法即是真际之发现。第二，儒家承认主客两观，道家否认主观，但尚不否定客观，故不能除去执着，而三论则否定主观和客观，弃却执着。要之，道家基于本体论的立场否定现象，阐明本体，佛教则立于认识论的立场否定一切，最终倡导肯定一切、假名即实相之哲理。

上文说明了老庄哲学引导出的对般若的研究，在中原出现道安、支遁，外迎罗什东来后，便立刻飞跃老庄之樊篱而走入般若堂奥的径路。此处我们转换方向，一瞥老庄学自生如何变化。

如前所述，魏晋以来老庄学全盛，出现无数《老》《庄》的注释书，至罗什东来以后，则出现很多佛教学者所著的老庄书籍。试列记其主要者如下：

一、沙门罗什《注老子》二卷。

二、僧肇《老子注》四卷。

三、释慧观《老子义疏》一卷。

四、释慧琳《注老子》二卷。

五、释慧严《注老子》二卷。

六、梁武帝《老子讲疏》六卷。

七、梁简文帝《老子私记》十卷、《庄子讲疏》二十卷。

八、周弘正《老子讲疏》六卷、《庄子疏》八卷。

九、张讥《老子义》十一卷、《庄子内篇义》十二卷、《外篇义》二十卷、《杂篇义》十卷、《玄部通义》十二卷。

以上九家之中，前五家都是罗什或罗什门下的学匠，是通达佛教特别是般若之人，故其对《老子》的注释大概也是用般若思想解释。接下来的梁武帝最初信奉成实，其后因南地三论的开拓者法朗大师而皈依三论，简文帝是其子，故两帝的老庄义大概会有三论的影响。两帝之讲疏至今不存，故不明其详，杜光庭的《道德经广圣义》中说，梁武帝的《老子义》以非有非无为宗，故可想象他是用三论思想去解释的。又嘉祥的《三论玄义》中有条问答，大意说：

问：伯阳之道，道曰太虚；牟尼之道，道称无相。理源既一，则万流并同，(罗)什(僧)肇抑扬，乃谄于佛。此王弼旧疏，以无为为道体。

答：伯阳之道，道指虚无；牟尼之道，道超四句。浅深既悬，体何由一？盖是子妄于道，非余谄佛。

问：牟尼之道，道为真谛，而体绝百非。伯阳之道，道曰杳冥，理超四句。弥验体一，奚有浅深？此梁武帝新义，用佛经以真空为道体。

答：九流统摄，七略该含，唯辨有无，未明绝四(句)。若言老教亦辨双非，盖以砂糅金，同于盗牛之论。周弘政、张机并斥《老》有双非之义也。

熟读玩味这两个问答，可知梁武帝的《老子义》基于僧肇以来的三论义。

之后的周弘正（或作周弘政），是三宗论著者周颙之孙，张讥（或作张机），是周弘正的弟子，则其一定精通三论教义。据说周弘正的讲疏奉赞梁武、简文之义，张讥更承继弘正之义而出新见解。二人均甚理解佛教与老庄的区别，认为老子无双非，即无否定之否定，这可依上文所引用《玄义》的注文明了。

要之，周弘正和张讥那样的公正学者，甚懂佛道双方，一定深知其差异。而一般心醉于佛教哲学的学者中，也有人想据根据佛教哲学说明老庄，梁武、简文自然是其代表。于是，般若的思想最初在魏晋之际，因老庄哲学之援助而渐得似是而非的理解，东晋时理解加深，学者遂明白般若思想与老庄区别之点。与此相反，六朝末便出现了欲依般若哲学去解释老庄的倾向。由此可见，在六朝之际，老庄全盛之思想界渐次变为佛教全盛之时势。

第十六章

道教之成立

梁刘勰说，道家可分为三种：（一）标榜老子的，（二）祖述神仙之说的，（三）祖述张陵的。所谓道教，应是混合此三种要素而存在。第一的标榜老子，即信奉老庄哲学，是先秦道家学者及魏晋时老庄学者。第二的神仙说，是战国时燕齐海岸的方士所创的迷信。他们大概以渤海湾上出现的海市蜃楼为根，首先创造出蓬莱、方丈、瀛洲等仙山之传说，这种传说与邹衍的九州五行说结合，遂形成了访寻长生不死之仙药的迷信。此说在秦始皇帝时代最昌盛。汉武帝决定以儒家为国家教育之大方针后，道家及神仙家之徒便渐次在中央失却势力，大都集于淮南王门下。淮南王门下所汇编的书籍，有《淮南子》内外书和中书，前者是以道家之学为中心而折中诸家的著作，后者则宣说神仙、使鬼、炼金及邹衍的重道延命法，故《淮南中书》之作者皆是神仙家之徒，这些人皆聚集于淮南王门下。此等神仙家之徒在两汉盛时不大活动，后汉末似乎又以各种形态而抬头。于吉的《太平清领书》可作一例。

《太平清领书》是琅琊人于吉在东海曲阳发现的神书，全体分为甲、乙、丙、丁等十部，每部更分为十七卷，合计一百七十卷。每卷白底、红框填以文字，青裱装，用红字题名，内容“以阴阳五行为家，多巫觋杂语”。它大概是类似《淮南中书》等的书籍吧。在后汉顺帝之时，于吉之弟子宫崇将此神书献于朝廷但未被接受，桓帝延熹九年（166）襄楷上奏而极赞美此神书，朝廷犹置之不顾。但其后，至灵帝光和年中（178—184），张角和张修据此书而发起一种宗教运动。魏文帝的《典略》这样说他们的运动：

> 光和中，东方有张角，汉中有张修。……角为太平道，修为五斗米道。太平道者，师持九节杖为符祝，教病人叩头思过，因以符水饮之。得病或日浅而愈者，则云此人信道，其或不愈，则为不信道。修法略与角同，加施静室，使病者处其中思过。又使人为奸令祭酒。祭酒主以老子五千文，使都习，号为奸令。为鬼吏，主为病者请祷。请祷之法，书病人姓名，说服罪之意。作三通，其一上之天，著山上；其一埋之地；其一沉之水。谓之

三官手书。使病者家出米五斗以为常,故号曰五斗米师也。(《三国志·张鲁传》注引《典略》)

后汉末轰动天下的黄巾之乱，即是张角一派的反乱，故可想象其势力之大。张角之乱不久为曹操平定，但张修随后亦据巴郡而反乱，不久张鲁又起而代之。张鲁是沛国人，其道是祖父张陵在蜀之鹤鸣山中修业而悟得，传于子张衡，再传张鲁。据《三国志·张鲁传》，张鲁之道亦是五斗米道，所以它大概和张修的同样，是一种宗教团体。据裴松之的《三国志注》，张修是张鲁之父张衡之误。要之，张角、张修、张鲁之道，是诵读《老子》五千文、借思过符水而疗病的一种宗教团体，这便是道教之起源。

后汉末，除三张之道以外，类似异术起于四面八方。例如颍川的郄俭主张不食谷米而食茯苓，便可保长生；甘陵的甘始提倡依行气吐纳的返老还童法；庐江的左慈说依靠补导术的长寿法，这些皆可说是《淮南中书》之遗教。左慈弟子有吴地的葛玄，玄之弟子郑隐（字思远），隐之门人有晋代葛洪，这三人提倡与三张之道不同的一派道术。葛洪是著名的《抱朴子》的作者。《抱朴子》分内外二篇，其终有叙，谓内篇说神仙、方药、鬼怪、变化、延年、禳邪、劫祸之事；外篇说世间之得失、世事之臧否，故可知《抱朴子》之内容大体上与《淮南中书》一样。

原本从左慈至葛洪一派，乃属于与三张之道不同的别派。前者重养生法，以制造丹药为主眼；后者重祈祷，尊重符咒。检点《抱朴子·遐览》所列道书目录，则葛洪所收道书凡二百九十一部，并将其分为三类：第一类，道教之教诫书二百零六部；第二类，符五十六部；第三类，丹法之书二十九部。其中包含于吉的《太平清领书》一百七十卷（《抱朴子》单记《甲乙经》一百七十卷），可知葛洪当时已综合三张之道和左慈、葛玄之术了。

《抱朴子》之后，北魏出寇谦之，改革三张之道而确立道教。寇谦之得北魏世祖太武帝的敬信，据他说，自己早好仙道，修张鲁之术，勤服食饵药，但没有效果。其后他遇仙人成公兴，开始在嵩山修业，一日太上老君从天降，授他天师之位和《云中音诵新科之诫》二十卷，又使玉女教服气导引之法，因此他废谷食，体气盛轻颜色鲜丽。其后他又从老君玄孙李谱文那里，受《录图真经》六十卷和销炼金丹云英八石玉浆法，并献给太武帝。于是，太武帝显扬寇谦之的新法，布于天下，自身亦临道坛受符箓。从此寇谦之的道盛行于北魏，其后每帝即位时必授符箓，成为循例。

以上据《魏书·释老志》及《隋书·经籍志》而略述要点，他说太上老君授予的《新科诫》二十卷、李谱文所给予的《录图真经》六十卷及销炼金丹等之法，未见《抱朴子》所列举的道书之中，其内容或许多是抄袭从前道书，但显然已加以若干新修订。《魏书》又说，他受太上老君的《新科诫》之际，老君命他："汝宣吾新科，清整道教，除去三张之伪法、租米、钱税及男女合气之术。"李谱文所授之书"古文鸟迹，篆隶杂体，辞义约辩，婉而成章。大自与世礼相准"。综合起来，便可想象到他改革三张之道，使之适合时世的事实。

寇谦之殁后经二十三年，宋明帝太始七年（471），陆修静作道书目录，北齐天和四年（570）又出现称为《玄都观目录》的道书目录。据《玄都观目录》，当时道书二千四十卷，则晋至北齐之间增加了许多册数。《玄都观目录》把道书二千四十卷分为三洞，即洞玄、洞真、洞神三部。据玄嶷的《甄正论》，洞玄是说理契真之书，洞真诠释法体实相，洞神记载符禁斋醮之类。北周道安的《二教论》，以《上清经》作洞玄部分之代表，以《灵宝经》作洞真部分之代表，以《三皇经》作洞神部分之代表。《上清经》托于葛玄，《三皇经》记载符禁斋醮且述三张之道。就此推测，则洞神部大体是承嗣三张之道，洞玄部大体是祖述葛玄之术，亦包括道家有关的诸子之书。故可想象，洞玄、洞神二部既综合了左慈、葛玄派与三张派，又加入了老子、庄子等诸子，即道家的哲学文献。洞真部的著述是比较新的文献，似乎此中也收入改写佛教大乘经典，特别是《法华》《维摩》等经典的著作。例如，洞真部《灵宝妙真经》之偈有云，“假使声闻众，如稻麻竹苇，编满十方刹，尽思共度量，不能测道智”，乃是从《法华经 · 方便品第二》“假使满世间，皆如舍利弗，尽思共度量，不能测佛智……如稻麻竹苇，充满十方刹，一心以妙智，于恒河沙劫，皆咸共思量，不能知佛智”换骨夺胎而来。其中不仅是文字类似，思想上亦有改编之处。因此，在道教之中，不仅三张之符醮，左慈、葛玄之神仙养生术及老庄之哲学融合，佛教思想及经典也被改变形态而融入进去。这样我们便可想象到道教经何种路径而发展成宗教了。这里我所得的结论：道教最初起自张陵至张鲁的符咒祈祷之俗信，之后吸收葛玄的神仙养生术，然后结合了魏晋之时风靡一世的老庄哲学，最后以佛教教理修饰，形成了宗教。其发展成熟在后汉末至六朝末约三百年间完成。

就道教发展之历史来看，它所主张的是否和老子有关系，实在是疑问。然而，道教形成之后的学者，自称他们祖述老子。而老子姓李，唐室又是李姓，唐朝诸帝便以老子为祖先而尊信道教，太宗以老子位于释氏之上，高宗尊之为老君，追号太上玄元皇帝，玄宗自著《老子》之注并刻之石碑，立于诸州道观。明人胡元瑞在《笔丛》四十二卷中引《宋三朝国史志》说，在玄宗开元年间《道藏目录》编纂完成，被赐名《三洞琼纲》。这大概是指编纂道藏的事情。总之,《道藏》是模仿佛教《大藏》而编纂的丛书，分为洞真、洞玄、洞神三洞是模仿释藏分成经律论三藏；三洞各分为十二部，共分为三十六部，亦是按照佛教十二部经而定。唐朝时如此编纂道藏，表明道教之地位已和儒、佛两教抗争而对立。

第十七章

经学之统一

我在第十二章中已经说过，两汉的经学为后汉末大儒郑玄所统一。郑玄对《周易》《尚书》《毛诗》《三礼》都作注，惟《春秋》未注。但与他同时代的学者服虔有《左氏春秋》之注，传服氏之注乃得郑玄的草稿而成，则依此可以补郑注之缺。因此，综括郑氏之《易》《书》《诗》《三礼》之注和服氏的《左氏春秋》之注，可看作郑玄的经学。

然而至魏朝时，王肃每事都反对郑玄而著诸经之注释。王肃的注解皆散佚不传，此处可注意的是《尚书》的《孔安国传》[1]。所谓《孔安国传》是东晋的梅赜公布于世的著作，清初考证

---

1 晋代梅赜所献《尚书》，因其中有假托孔安国所作的传，后世以《孔安国传》代指全书。现在一般认为其为伪书，称作“伪古文尚书”或“伪孔传尚书”。——编注

家阎若璩断定这是梅赜的伪撰，其后的丁晏举出该书在梅赜以前已存在的证据，并指出其传意多数与王肃义相合，认为是王肃的伪撰。不过，丁晏的假定证据也不充分。王肃的门人中有学者名为孔晁，作《逸周书》之注，又有《尚书疑问》三卷，《隋志》说这是王肃、孔晁共撰，《新唐志》注记说这是王肃、孔安国的问答，则明确可知孔晁字安国。我想《尚书》的《孔安国传》便是《孔晁传》。如果该书是孔晁的，则它和王肃的意思相符亦是当然，它存于梅赜以前也无怀疑之必要。总之，《尚书孔安国传》确系是与王肃有因缘的注。

第十四章已略述过魏王弼作《周易》之注，晋韩康伯补之。降至晋朝，杜预著《左氏春秋经传集解》三十卷。据《集解》之序云，杜氏收集刘子骏（名歆）、贾景伯父子（贾徽与贾逵）、许惠卿（名淑）、颖子严（名容）诸人之注而作之，未提服虔之事。但清儒丁晏的《左传杜解集正》云，该书偷服注为己说者甚多，唯其讨论礼制时依照王肃说，其中亦可见《孔安国传尚书》的形迹。因而，魏晋之际著名的经注有三：第一为《周易》王弼注，借老庄思想改解旧说；第二的《尚书孔安国传》与第三的《左传杜氏集解》，都依王肃义而更改郑学。晋武帝之母文明王皇后是王肃之女，即武帝是王肃外孙，所以晋一代经学尊重王肃，采用偏重王肃的《杜氏集解》和《孔安国传》。

但之后晋朝南迁，北魏兴起于北方。北魏道武帝重经学，立大学，置五经博士，其后历代都奖励郑学而重之，从此南北两朝的经学泾渭分明。《北史·儒林传》说及此区别："江左，《周易》则王辅嗣，《尚书》则孔安国，《左传》则杜元凯；河洛，《左传》则服子慎，《尚书》《周易》则郑康成，《诗》则并主毛公，《礼》则同遵郑氏。"更简单地评价，可以说北方是纯郑学，而南方混合王肃、王弼之学。其后，南方的东晋灭亡，宋、齐、梁、陈四朝相继兴起，北方的北魏则分为西魏、东魏，北周、北齐起而代之，遂出现了史家所谓南北朝时代。整个南北朝时代，经学亦确然存有南北之别。

北学的代表者是徐遵明。遵明字子判，华阴人，为求学而至上党，师从屯留王聪学《毛诗》《礼记》《尚书》一年，其后屡易老师，皆不满意，遂闭门读《孝经》《论语》《毛诗》《尚书》《三礼》，后得《服氏春秋》而研究，著《春秋义章》三十卷，遂获尊为海内儒宗。永安二年（529），他被乱兵所杀，时年五十五。遵明以《易》授卢景裕，景裕门下有权会、郭茂二人。其后讲《郑氏易》者，皆出自此二人之门。遵明之门下又有李周仁、张文敬、李铉、熊安生，李铉后来做了北齐文宣帝时的国士博士，撰定《孝经》《论语》《毛诗》《三礼义疏》《三传异同》《周易义例》等共三十余卷，熊安生亦做了北齐的国士博士，后来是北周的露门博士，著《周礼义疏》

二十卷、《礼记义疏》三十卷，据说其后通《礼经》的学者多半是熊安生的门下生。与遵明同时的学者有刘献之，著《三礼大义》四卷、《三传略例》三卷、《注毛诗序义》一卷及《章句疏》三卷，是博学之士。他特别擅长《毛诗》，将之传于李周仁，李周仁传于程归则，程归则传于刘敬和、刘思轨，其后谈《诗》者多数出自二刘门下。总而言之，北学皆宗徐遵明、刘献之，都尊奉郑学。

南方宋齐二朝之际，官方不重视儒学，关于经学不必论述。不过梁武帝在天监四年（505）开五馆，立国学，任命明山宾、陆琏、沈峻、严植之、贺玚为五经博士，各主一馆，教授五经，因此经学顿然勃兴。举当时学者的著名著作，有崔灵恩的《三礼义宗》三十卷、《左氏传义》二十二卷，皇侃的《礼记义疏》五十卷、《论语义疏》十卷，戚衮的《礼记义》四十卷，顾越的《毛诗》《孝经》《论语》等义疏四十卷，费甝的《尚书义疏》十卷，张讥的《周易义》三十卷，王之规的《左氏春秋义》四十一卷，这些著作中，《礼》和《诗》都是依郑氏与毛氏所疏释的观点，与北方相同，但《易》以王弼为主、《尚书》以孔安国为主、《春秋》以杜预为主，与北方完全不同，仍显示着南北经学之差异。

《世说》的《文学》篇中，褚裒赞孙盛云："北人学问，渊综广博。"孙盛答之曰："南人学问，清通简要。"支遁闻之则评曰："北人看书，如显处视月；南人学问，如牖中窥日。"这清楚表现了南北学问之精神。支遁的意思大概是说：北方的学者博览，而失其主要之点，好像在明亮的地方看月，虽视野宽广但无明确中心；反之，南人不能说是博览，但把握要点，好像是从狭小的窗子里看太阳，眼界虽狭小，却明确地意识到要点。《北史·儒林传》亦以"北学深芜，穷其枝叶；南人约简，得其英华"之句表达同样见解。后世的考证家称，南学混有老庄思想，不是纯粹的儒学，于评语中露出不满之意，但考虑到当时思想界的形势，则经学中混入老庄思想是之事，借此儒学才获得哲学基础。

南北两朝为隋统一，隋朝学者刘焯（字士元）、刘炫（字光伯）二人曾受《诗》于刘献之的三传弟子刘思轨，问《礼》于徐遵明的门人熊安生，故原来是传北学之人。但他们也兼习南学，及其作《尚书》之疏，便采用了孔安国本。与此前后，姚文安及秦道静二人亦初治《服氏春秋》，后兼讲《杜氏春秋》。就这些事实来看，学界的大势已渐次倾向于南学。其后不久，隋亡而唐兴，唐太宗忧虑经籍中文字多异同，经义多陷于分歧，便命颜师古负责统一经文，敕孔颖达等负责统一经义。于是，颜师古研究南北经本的异同，作颜氏定本；孔颖达等参酌南北经义，作《五经正义》，从此经学便完全统一。

然而，颜师古祖父颜之推初仕梁，后奔北齐，北齐亡又事北周，曾阅览了江南河北两本，但检读其著作《颜氏家训》的《书证》篇，知其常以江南本为是、河北本为非。颜师古的定本，恐怕尊重祖父的意见，是偏重江南本的著作吧。而孔颖达是冀州人，幼时谙诵崔灵恩的《三礼义宗》，及长，从刘焯学经义，故一定是偏护南学之人。他监督下所编纂的《五经正义》，不仅《易》用王弼注释、《尚书》用孔安国传、《春秋》用杜预《集解》来作注疏，就算在已采用郑注本的《礼记正义》中，比较北学的熊安生和南学的皇侃时也说："熊则违背本经，多引外义，犹之楚而北行，马虽疾而去愈远矣；又欲释经文，唯聚难义，犹治丝而棼之，手虽繁而丝益乱也。"如此地抑制北学而发扬南学。由此去推测，唐初的《五经定本》与《五经正义》虽说是统一南北经学，但大体可以说是采用南学。因而，当时的学者之间虽有相应的异议，但由钦定的《正义》统一以后，官学的授课、官吏的录用考试都根据《正义》，因此唐代经学自此一定，儒学的发展遂告一段落。

第十八章

隋唐之佛教

我们在前一章已叙述过，随着隋唐之统一，南北经义之异说便为二刘、颜、孔诸儒所统一。再前一章我们叙述道教成立，甚至已编纂了《道藏》。所以此处必须说一说隋唐间确立的佛教著名宗派。

我在第十五章已略述罗什的佛教以般若及法华为津梁，而其门下兴起了由般若与三论而成一宗派的三论宗，故此处介绍借《法华》与《四论》而创立的天台宗。天台宗是由北齐之慧文创始、陈之慧思承继、隋之智𫖮所大成的宗派，以《法华经》做正依之经典。据说其始祖慧文凭着《中论》的三谛偈“因缘所生法，我说即是空，亦即为假名，亦是中道义”和《大智度论》中一切智、道种智及一切种智三智具足于一心之说，参悟到中道之理，故可想象天台教理之根本与《三论》

有深切关系。该宗的大成者智顗，生于梁武帝普通三年（522），入寂于隋文帝开皇十七年（597），较三论的大成者嘉祥大二十七岁，但主要著作都是由门人灌顶整理公布。灌顶生于隋文帝天嘉二年（561），入寂于唐太宗贞观六年（632），故此宗之兴隆在三论宗之后。从教义来看，天台较之三论也更进一步。灌顶记录整理的智顗的主要著作，是《法华玄义》《法华文句》《摩诃止观》三种，总称为《法华》三大部。其中第一的《法华玄义》论《法华经》之大义，陈述五时八教之教判；第二的《法华文句》解释《法华经》的含义；第三的《摩诃止观》从实践方面指示修行之规矩。

这么一来，三大部虽说示的立场不同，但不外是阐明三谛圆融之要旨。所谓三谛，指空、假、中三者，主张三者溶合而为一，便是三谛圆融之说。就我们的常识来看，万象是实在的东西，即是有，但那是反映在一切人类内心中的影，不是实在，即是假。万象本是全然实在之物，但它是超越人类认识的实在，用言语不能说明，即言亡虑绝之实在，故称之为空。力说这空之一字者便是般若，三论宗详说这一点，但天台宗更进一步，认为空并非离开假有的万象之物，假则借空而存在。换句话说，假有的万象不过是言亡虑绝的空的作用波澜而已，因此假即是空，而空和假不过是表现真之实在的一面而已。因此，真实的实在只能在假、空合而为一之中。

换句话说，假、空、中三谛最终是一，而这正是三谛融圆的思想。三论消极地否定假有的现象，主张真实的实在是超越人类认之物，即是空。天台则对此否定，提倡假有的现象是超认识的实在空的作用，故真的实在位于空假相即之中。

这么一来，三论与天台虽有消极和积极之别，追溯其根源则同依据罗什所译经典，故可以说是罗什宗之一分支。但在唐太宗贞观十九年（645），玄奘由印度归国，新翻译各种经典，指摘旧译的缺点，故中国佛教界迎来一转换期。玄奘所译经典达七十五部一千三百数十卷之多，其中最值得注意的是《成唯实论》十卷。成唯识，指解释世亲的《唯识三十论》而完成其意义。世亲之后，在印度解释《三十论》的学者有护法、难陀、安慧等十大论师，各著解释，但多少意见相异。玄奘在印度留学中，蒙护法的弟子戒贤教授，归中国后欲一一翻译十师的解释以传于世，但门人窥基认为那样反而使学者迷失方向，便劝其师玄奘以护法之解释为基础，综合其他九论师之说为一家，所成著作便是今天的《成唯识论》。窥基贞观六年（632）生于长安，在玄奘归国后为其门人，亲蒙玄奘之教，担任《成唯识论》之编译，在翻译此论的同时，著《成唯识论述记》二十卷、《别抄》三卷、《枢要》四卷等，努力宣扬此论。永淳元年（682），窥基年五十一岁于长安慈恩寺入寂。世人称之为慈恩大师，其宣扬之教说或称唯识宗，或称慈恩教。

据《述记》，唯实宗主张分三时教，并判释一切经典。所谓三时教，佛成道之初，为打破外道凡夫之我执而讲《阿笈摩》（即《阿含》），宣传诸法为实有，此为第一时教；接着，佛为打破小乘实在之执着而讲《般若》，论诸法皆空，此为第二时教；最后，佛为打破菩萨之空执、小乘之有执而讲《解深密经》等，教导一切法只是唯识所变、心外无法，此为第三时教。他们主张前二时教是为接引之方便而说，只有第三时教是为了了义。这恐怕是欲在三论、天台二宗之上更进一步的教判吧。

该宗分析识，分眼、耳、鼻、舌、身等五识，第六意识，第七末那识，第八阿赖耶识共八识，认为一切现象都是八识所变。八识中最初的五识是感觉，第六的意识是心理作用，第七识是自我的意识，第八识包藏着前七识及客观本质的缘起之种子，故称之为阿赖耶识。阿赖耶识即是藏识之意。人类的心理现象自不待言，客观世界的一切也都是阿赖耶识所变所造的，所以只有阿赖耶识是实在，其他都是无。这般唯心的世界观，在罗什系的佛教中未见，是玄奘带来的新佛教。此宗虽曾一时繁盛，但不久便衰落，后继者断绝，代之而起的是华严宗的繁荣。

华严宗是以《华严经》为本而创立的宗派，与罗什同时来中国的觉贤已翻译出《华严经》六十卷，以后关于《华严》的著作亦续出，杜顺最初借此而开辟一宗，经智俨传至贤首，此宗大成。贤首名法藏，唐贞观十七年（643）生于长安，先天元年（712）年七十一岁而入寂。他十七岁出家，数年后跟从智俨研究《华严》，但二十六岁时智俨入寂。三十八岁时，天竺日照三藏（地婆诃罗）来中国，带来《华严》的梵本，贤首由此方知旧译《六十华严》中有阙佚，证圣元年（696）实义难陀来中国翻译此经时，他曾作记录助其翻译。因与日照及实义难陀交友，贤首大概获得许多新知识。其著作中特别有名的是《五教章》三卷、《探玄记》二十卷、《十二门论宗致义记》二卷、《起信论义记》三卷等。

《十二门论宗致义记》虽是解释罗什所翻译的《十二门论》，但他并不抄袭过去三论家嘉祥一派的见解，而是根据从日照三藏那里听闻的新说而写。其中引用日照之言说："近代中天竺那烂陀寺，同时有二大德论师，一名戒贤，一名智光……谓戒贤，则远承弥勒无著，近踵护法难陀，依《深密》等经，《瑜伽》等论，明法相大乘，广分名数，用三教开宗……二智光论师，远承文殊龙树，近禀青目清辨，依《般若》等经，《中观》等论，显无相大乘，广辨真空，亦以三教开宗。……谓佛初鹿园为诸小根转于四谛小乘法轮，说心境俱有。次于第二时，为中根说法相大乘，境空心有……于第三时，方为上根说此无相大乘，显心境俱空，平等一味，为真了义。"三时各异其教，前二时是接引入的方便说，只第三时之教才是真了义，因此，法相大乘只是方便说。贤首如此论证以抑玄奘、慈恩之新宗。他在《五教章》中更发展此说而建立了五教十宗的教判，今为便利计，仅记五教判如下：

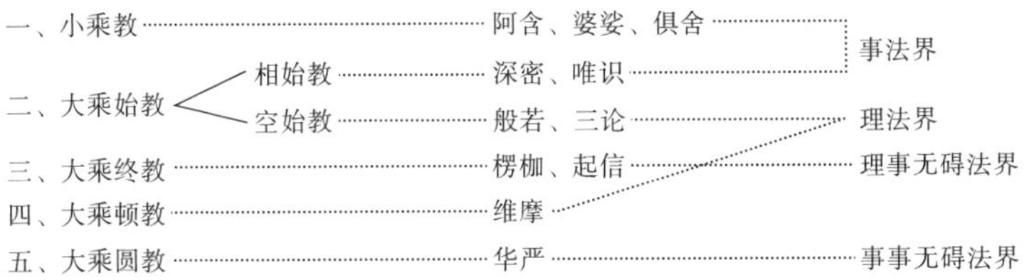

小乘教只是说明现象界（事法界），大乘教则在现象之上说明本体，即理法界。同样是说明本体，有将现象与本体对立，为说明现象之起源而说本体的相始教，也有否定一切现象，认为它是空无而主张潜藏于其内部的本体的空始教。前者主要是现象的说明，到底是说明事法界，后者主要是说明本体，故是说明法理界。到了大乘终教，人们便更进一步，认为本体之理和现象之事实际是一体两面，互不可分，现象之事终归是本体之理的作用动作，故离开了现象之事，就不可想象本体之理是。这被称为理事无碍法界观。本体和现象既是一体，则各个不同的现象都是绝体的本体。一切现象都是绝对的，则一切现象必然相互融通无碍。华严宗称此理论为事事无碍法界观。主张事事无碍法界观的唯有《华严经》，这是佛教中最深刻的哲学。而说明这一事实，便是贤首的五教教判的目的。

贤首为说明事事无碍之教理而主张十玄缘起。今无余裕一一说明，仅略言因陀罗网境界门以示一例。因陀罗即帝释天，所谓因陀罗网，即是盖在帝释天之上的穹形之网。这个网的结都穿着圆珠，每一个珠子都藏着其他一切珠子的影。此称为一重累现。然而，每个珠子上的无数珠影，不单是其他珠子之影，而且是带有无数珠影的其他珠子之影。此称为二重累现。如此，则每个珠子上有三重、四重以致无限重之累影，故举一珠，其他珠便自反映于其中。现象的一切事物正如此珠一般，每一事物和其他一切现象都相依相属，故举任何一物，则其他一切都包含在内。这便是主张事事无碍的根据。一切事象是事事无碍，故每一事象和其他一切事象随伴相透，而使每一事象成为实在。于是，取任何事象来看，亦是绝对的实在，特别在主观的心理中找寻此实在的中心时，则一切现象都是一心法界内的缘起。这就是华严宗的“法界缘起论”。

以上略论隋唐兴起了的佛教三宗，其中最初的天台宗是实相论之极致，唯识宗是缘起论之代表，华严宗则综合实相论与缘起论而创立法界缘起论，恐怕可称为中国佛教所到达之极致吧。华严之教理到了下一时代，即中国近世哲学之时代，将影响儒教，使之形成新的儒家哲学。

第十九章

中古期哲学之概观

中国中古哲学的特征，是儒、佛、道三教保持相互交流而变化。

儒教最初受汉末经学之余风，屑屑拘于训诂文字之末节，但不久吸收老庄哲学的新经学出现。新兴之经学随着晋朝南迁而移到江南，北方则留下着重训诂的旧经学，故随着南北两朝之分立，经学亦在此分为南学和北学。隋统一天下，经学亦自然出现折中的倾向，但结果是南学占优势地位，至唐朝《五经》《五义》编纂完成，以南学中心的经学实现一统。

其次，老庄哲学帮助了中国人对新来的佛教思想，特别是类似老庄学的般若思想的理解，遂促成三论学之隆盛。三论学转而促进天台宗之兴起，但为刚由玄奘揣返的唯识宗一转，遂使华严宗成立。

最后，起于后汉末的民间迷信先吸收老庄的哲学，其后又采纳佛教哲学，至此创立了称作道教的宗教。道教之确立、经学之统一及华严宗之成立前后大体不远，于玄宗以前的初唐之际完成，至肃宗以后（756）才开始向着稍稍不同的方向发展，故以此为中古期之终结。由中古期移至近世初期，佛教与道教因都是宗教，势力之争不绝，儒教因是以政治道德为主的现世教，故与佛教分野不同，对抗比较少。唐朝的儒教因以南学统一，其中虽多少有老庄哲学之影响，但还不至混入佛教思想。然而，至近世期，便出现了改造由初唐儒臣所统一、固定的经学之意图，结果，学者吸收佛教之哲理，特别是《华严》之理事无碍的思想，向着树立新儒教的方向而行。

近世期　儒教革新的时代

第二十章

儒学之新倾向

初唐学者孔颖达等奉敕以谋经义之统一，已如前文所述。但肃宗以后就早早出现了不同意钦定经义的著述，例如李鼎祚的《周易集解》，成伯玙的《毛诗指说》，啖助、赵匡、陆淳的春秋说都是。

《周易集解》的著者李鼎祚，两唐书无传记，不明其详，依据《开元四部目录》写成的《旧唐书·经籍志》未载其著作，至《新唐书·艺文志》始有著录，由此确知其为天宝以后生人。其著《周易集解》集录子夏、孟喜以下三十五家之说，在自序上说“刊辅嗣之野文，补康成之逸象”，显然是反对依王弼注的钦定正义之作。

成伯玙的生涯亦不明，其《毛诗指说》由四篇而成，分为《兴述》《解说》《传授》《文体》四项，其中分析《毛诗》之序，以为初一句乃子夏之作，其余则毛苌所续成，与宋代苏辙疑《诗序》非一人之作相同，也是郑樵、朱子舍《诗序》而解诗的先驱。此书也属于反对严守《毛传》之钦定经义的作品。

啖助字叔佐，天宝之末曾做临海尉、丹阳主簿。他博通经学，特长春秋学，考三家之长短，补其缺点，作《春秋集传》及《统例》，门下出赵匡、陆淳二人。啖助卒后，陆淳集其师之遗文，托赵匡检阅，作《春秋集例纂例》十卷，又曾著《春秋微旨》三卷、《春秋辨疑》十卷。今啖助之书已失而不传，惟陆淳之书犹存，依此已可一窥他们的见解。据陆淳的见解，他们否定《左传》是左丘明之说的旧见解，认为《公羊》《谷梁》亦是笔录口传，故有错误，努力舍传而寻求经意。这也可以说是反对尊重《左传》的钦定经义，是宋朝孙觉之先河。

以上三种著作，是唐人经说之幸存者，他们已经显示出如此倾向，那可想象中唐以后不信服钦定经义之倾向了。对经学有这样的见解的同时，他们对于儒教教理亦萌发新的意见。可举为新儒家之代表的是韩愈和李翱。

韩愈是穆宗长庆四年（824）年五十七岁而殁的著名文章家，在思想方面亦不落人后。他的思想见于《原人》《原道》《原性》三篇。在《原人》中，韩愈说，凡生于天地间者，有人与夷狄禽兽之类，其中人最优秀，被视作夷狄禽兽之主。人为夷狄禽兽之主，因人有为人之道。接着，他在《原道》中解释人道应该是何物。在这篇文章开头，韩愈区分佛、老之道与儒之道：一般称为“仁义道德”的四字之中，仁与义是具体的概念（定名）而有内容，道与德是抽象的名（虚位）而无内容。儒家的道德是以仁义为内容的道德，反之，老子说的道德舍弃仁义，故是空虚的。这是儒家的道德与老子的道德之区别。其次，儒教是一个为达到相生相养之目的的教，故为了达成这一目的，便必须有君、臣、民之阶级。君出命令，臣传之于民，民从事于耕农而贡租税于君，于是人类便达成了相生相养之目的，但佛教舍君臣之关系，离父子之系累，只求心之清净寂灭。儒家原本也如《大学》中“古之欲明明德于天下者……先正其心；欲正其心者，先诚其意……”这般，努力正其心，诚其意，但那是为治天下国家而付出的努力，而不是离脱天下国家，求心之清寂。这是儒与佛的区别。因而，儒家之道是人类为达到相生相养之目的，而守君臣父子之义、博爱众人之道。若问此道为何人所教，则这是尧、舜、禹、汤、文、武、周公、孔子、孟子等相传之道。以上便是《原道》的要点，其中说明的尧舜至孔孟的道统、引证《大学》之文句，便是后起的宋学之先河。在此点上，我认为韩退之是新儒教之先驱。他又在《原性》中论人性有上中下三品，上者纯善，中者混善恶，下者为恶，虽然仅是折中孟、荀的性说，不值赞赏，但他的弟子李翱的性说却相当值得注意。

李翱，字习之，韩愈的侄婿，从韩愈而学，其著作有《文集》十八卷，此处我们仅关注《复性书》三篇。他在《复性书》上篇论证，人性虽善，但情分善恶，故人亦为恶。然而，若问本来纯善的性为何引出恶情，他便说：人之性本来是静的，静时必无恶，《中庸》云“天命之谓性”，即指此性静之时。然而，此静性既动而起情之时，便伴随着恶，故人类之道德在于制止情之妄动，使归于本来之静。《中庸》所谓“率性之谓道”即此意义。又《中庸》认为诚是天之道，而诚者，定之义，此亦以不动为道。人无思无虑，则情无由生，《易》云“天下何思何虑”即指此意。如人心寂然不动，则邪息自息，唯性明照。然而所谓致心于寂然，并非闭其视听，而是视听清晰但不起见闻。无不知、无不为，心寂然而光照天下，《大学》中的“致知格物”即指此。“物”指万物，“格”指来，万物来五官而接之，则心昭昭然而明辨之，辨之而不应于物，即所谓“致知”。人如能致知，便可意诚、心正、修身、齐家、治国、平天下。因此人宜不动其情，如一切不动情，则自然归于本来之静，此即复性之工夫。以上是《复性书》之要点，其内容颇似程子的《定性书》。李翱屡屡以《大学》及《中庸》为立论根据，亦似宋儒。因此，我认为韩愈及李翱是宋学之先驱。

第二十一章

佛教之新倾向

佛教有戒律、禅定、智慧这三面，称之为戒定慧三学。此三学相依相助而发展，依戒资定，依定发慧，依慧得证悟，此乃是佛教之教。但到了后来，特别注重慧方面的教理之学问,与特别注重定方面的禅之宗旨便分离了。前文所述的三论、天台、华严等宗皆是以慧方面为主而使之发展的宗派，与之相对，发展定这一方面的禅宗独立兴起。这可以说是佛教的新倾向。禅在中国之独立，乃从梁武帝时达摩东来而始，唐以后达到隆盛。即达摩之后五传出弘忍，弘忍门下分出南北两宗，南宗慧能之门下出许多名僧，分为江西、荷泽、石头等派，禅宗从唐朝至宋朝非常繁盛。兹将禅之系统及分派示表于后文。

表中只记其主要的宗派，但由此也可知禅宗如何昌盛、分

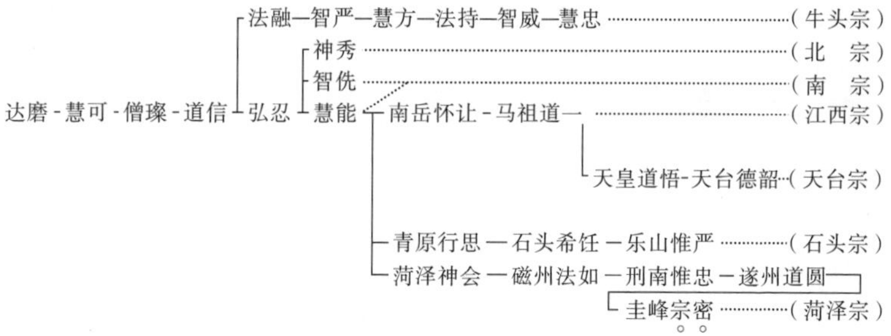

为何种派别。这其中要特别注意的，是表末的圭峰宗密。

宗密俗姓何氏，唐德宗建中元年（780）生于果州西充县，最初从荷泽宗道圆学禅，后在襄阳得澄观的《华严疏抄》而读之，遂游京师，做了澄观的弟子，晚年住草堂寺，最后居寺南之圭山，武宗会昌元年（841）六十二岁殁。他所师事的澄观，被称为华严第四祖，著有《华严大疏》二十卷、《华严经疏演义钞》四十卷等，是宣扬贤首之教义的学者，所以，宗密是兼修华严之教与荷泽之禅的人。他分大乘诸宗为密意依性说相教（唯识宗）、密意破相显性教（三论宗）、显示真心即性教（华严宗）三宗，又分禅宗各派为息妄修心宗（北宗南侁）、泯绝无寄宗（石头宗、牛头宗）、直显心性宗（江西、天台及荷泽宗）三宗，视禅之三宗是以其上述各教的哲学为基础而建设起来的实践宗教。兹将此关系列表如下：

据他说，凡属佛教，不论教或禅，都以了得佛心而悟心

（教之三宗）	（禅之三宗）
一、密意依性说相教（唯识宗）	息妄修心宗
二、密意破相显性教（三论宗）	泯绝无归宗
三、显示真心即性教（华严宗）	直显心性宗

源为目的，前二教不显示，第三教则显示之。据说，一切众生皆有空寂之真心，此真心本自清净，明明不昧，了了常知，又永久不灭，被称为佛性，或称为如来藏。但众生为妄想所蔽，自己不能证得此真心，故佛悯之而显示之，此即第三的“显示真心即性教”。此真心本来是不变常住之物，但同时有随缘而流转的作用。人们见此流转之形相而起执着之时，便成妄想。般若经论所说诸法皆空，便是为清除此妄想之教，此即第二的“密意破相说性教”。然而，随缘流转之形相亦不外是真心之作用，故真心不可能亡绝。因而，在我们的妄想之中，觉与不觉亦和合相存。此觉与不觉之和合，正是阿黎耶识（即唯识中的阿赖耶识）。在阿黎耶识之中，觉与不觉和合而形成人类的知识，故教导人们渐次修行，去不觉而成觉，便是“密意依性说相教”。这般批判了三宗之后，他以○表真心，以●表妄想，以◎表阿黎耶识（阿赖耶识），将真心流转的径路及将修养的过程作成图表，而此图表便暗示后起的周茂叔的太极图。

以上是宗密的《禅源诸诠集都序》所说的大略。他又在《原人论》中，初斥儒道之迷执，次斥佛教的偏浅之说，三则依从华严之教理而显示真源，最后则会通本来，认为偏浅的佛教家之说、儒道之教最终虽得一分之真理，但穷极真理的定然是华严。他说宇宙之根源是唯一的真心，心外无别法。此真心虽不生不灭，但其现出流转之形相，便引起生灭之妄想。这不生不灭之真心，与生灭之妄想和合成一，便是阿赖耶识。阿赖耶识中有觉与不觉之两面。因不觉而现出的业相，分为主观和客观，从此生法执。所谓法执，因有自他之区别，在人身上谓“我执”。以我执为原因，便出现贪爱嗔嫌愚疑之情，因贪爱之情便生出俗人之身心。一切现象皆心识所变之境，因其业相而分为二。一与心识合而成人，一离心识而成天地、山河、国邑等，天、地、人三才之中唯人最灵，便是其与心识和合之故。儒、道两教都说，人、畜等类皆虚无大道所生成养育，大道生元气，元气生天地，天地生万物，但所谓元气乃阿赖耶识之相分，即对照之一，不过是心识所变之物。儒、道两教只对于人身之现在垂教，而不知人身之起因。因此，儒、道之教在其上亦加以一心缘起之哲学时，自然会发生作为现世之教的意义。这便是《原人论》主张之大略。此中，人类之为最灵乃是心识和合之故这一节，被吸收到后世的周茂叔之《太极图说》中：“万物生生，而变化无穷焉。惟人也，得其秀而最灵。形既生矣，神发知矣。”

如其名所示，宗密之《原人论》乃究明人类之生起本源之作，宗密以前，韩愈虽曾有《原人》篇，但只说人为天地间之主。

然而，宗密根据一心缘起之哲学说明人类之生起，所得的结论是，人类卓绝于万物上的原因，乃形体与心识和合之故。这恐怕就是宗密超跃韩愈的地方。宗密还比较儒教和道教，说“孔、老、释迦，皆是至圣，随时应物，设教殊途，内外相资，共利群庶。策勤万行……惩恶劝善，同归于治，则三教皆可遵行。推万法，穷理尽性，至于本源，则佛教方为决了”。此乃力说在穷理尽性之哲学方面，儒、道两家到底不及佛教。于是，后出的周茂叔借鉴宗密之论，构成了儒家的新哲学。

第二十二章

宋学之勃兴

唐衰不久，五代之乱继起，故无学问思想之可言，及宋兴而统一天下，学者崛起于四方，发动了宋学勃兴之气运。全谢山的《庆历五先生书院记》中这样说：

> 有宋真、仁二宗之际，儒林之草昧也。当时濂洛之徒方萌芽而未出，而睢阳戚氏在宋，泰山孙氏在齐，安定胡氏在吴，相与讲明正学，自拔于尘俗之中。亦会值贤者在朝：安阳韩忠献公、高平范文正公、乐安欧阳文忠公，皆卓然有见于道之大概，左提右挈。于是学校遍于四方，师儒之道以立，而李挺之、邵古叟辈，共以经术和之，说者以为濂、洛之前茅也。

这已可以简单说明当时情势了。在此所记述诸人之中，特别要注意的是范文正公及欧阳文忠公。

范文正公，名仲淹，字希文，苏州吴县人，初学于戚同文，后举为进士，任右司谏。其后辞司谏而移居于苏州，建立学校，聘胡瑗为教授。后累进，除参知政事，友人石介而推荐孙复为国子监直讲。皇佑四年（1052）六十四岁殁。睢阳戚氏乃其师，泰山孙氏和安定胡氏乃受其知遇之人。此四人学问思想又相通，是很有兴味的事情。戚同文的学问如何尚不明了，其门下范仲淹泛通六经，尤通《易》，而又曾以《中庸》授予张横渠，故戚氏、范氏之学或以《易》及《中庸》为中心。安定胡瑗亦有《易传》十卷、《周易口义》十二卷、《中庸义》等著作，大概也是范仲淹同调的学者。而泰山之孙复，据门下人石介所作《泰山书院记》中说："先生常以谓，尽孔子之心者大《易》，尽孔子之用者《春秋》，是二大经，圣人之极笔也，治世之大法也。故作《易说》六十四篇、《春秋尊王发微》十七卷。"则他在尊崇《易》这点上，也可说与范仲淹同调。于是，以范仲淹为中心的一派学者借《易》《中庸》而讲明义理，可看作周子、二程子之先导。

相对范仲淹一派的人们而言，另呈异彩的学者便是欧阳修。修，字永叔，安徽永丰人，仕于仁宗、英宗两朝，熙宁三年（1070）岁六十六殁。欧阳修与其说是经学者，倒不如说是长于文学之人，其门下出曾巩、苏轼、王安石等文章家。然而，他不单是文人，亦有《周易童子问》《诗本义》《尚书本义》《新唐书》《新五代史记》等经学、历史相关著作。他在《周易童子问》上说，《易》之十翼不仅不是圣人之作，甚至不能认为一人之作，恐怕是杂取从前的《易》学者之讲说而编纂，因此批评其采择失当，害经惑世之处众多。在《进士策问》中，他认为《中庸》徒构虚言高论，于世无益，批评其违背圣人之意，故大约是子思之假作。欧阳修又作孙复及其弟子石介之碑志，似乎与此二人有深切关系，但在描述述孙复生平之文中，对孙氏关于《易》的学说一字不提，只说他作《春秋尊王发微》，有功于春秋学，且最后激赏说："先生之治《春秋》，不惑传注，不为曲说以乱经。其言简单，明于诸侯大夫功罪，以考时之盛衰，而推见王道之治乱，得于经之本义为多。"恐怕欧阳修不好《易》，因而对于孙复亦只赞扬其春秋说。修自己亦作《春秋论》三篇，力说《春秋》三传多失经意。孔子作《春秋》以正名定分，别是非，明善恶，故欧阳修撰《新五代史记》，记述学《史记》，褒贬则学《春秋》。综合这许多事实来推测，欧阳修的经学以《春秋》为中心，与尊信《易》《中庸》的范仲淹一派，可看作不同的流派。陈止斋的《温州淹补学田记》，有一节这样说：

> 宋兴，士大夫之学亡虑三变。起建隆至天圣、明道间，一洗五季之陋……而守故蹈常之习未化，范子始与其徒抗之以名节，天下靡然从之，人人耻无以自见也。欧阳子出，议论文章，粹然尔雅，轶乎魏晋之上。久而周子出，又落其华，一本六艺。学者经术遂庶几三代，何其盛也，则本朝人物之所由众多也！

这段已简单评价范、欧二派学问之不同。范氏借《易》《中庸》去探求道德之本源，砥砺名节，其门下汇聚习名节之人；欧阳氏则高倡《春秋》褒贬之义，高论时事，其门下汇聚以议论文章而名声大噪之人才，可说是有意思的对照。陈止斋在此二派之上，更立周子一派，但周子一派的学者均借《易》与《中庸》去阐明义理，与范仲淹一派正是同调，故我把他看作范子之后。

第二十三章

道学——周张二程之学

周子一派之学问，世称为道学，《宋史·道学传》叙述其大略。

> “道学”之名，古无是也。……孔子有德无位，既不能使是道之用渐被斯世，退而与其徒定礼乐，明宪章，删《诗》，修《春秋》，赞《易象》，讨论《坟》、《典》，期使五三圣人之道昭明于无穷。至宋中叶，周敦颐出于舂陵，乃得圣贤不传之学，作《太极图说》《通书》，推明阴阳五行之理，命于天而性于人者，了若指掌。张载作《西铭》，又极言理一分殊之旨，然后道之大原出于天者，灼然而无疑焉。仁宗明道初年，程颢及弟颐实生，及长，受业周氏，已乃扩大其所闻，表章《大学》《中庸》二篇，

与《语》《孟》并行，于是上自帝王傅心之奥，下至初学入德之门。融会贯通，无复余蕴。

迄宋南渡，新安朱熹得程氏正传，其学加亲切焉。大抵以格物致知为先，明善诚身为要，凡《诗》、《书》、六艺之文，与夫孔、孟之遗言，颠错于秦火，支离于汉儒，幽沉于魏、晋六朝者，至是皆焕然而大明，秩然而各得其所。此宋儒之学所以度越诸子，而上接孟氏者欤。

由此可知，道学乃起于周、张二子，为二程子继承，由朱子集大成之学问，以重道统及努力借《四书》以发挥儒教之精神为特征。所谓道统，即尧、舜、禹、汤、文、武周公之理想，由孔子阐明。孔子之精神经曾子、子思而为孟子继承，但孟子之后传统已绝。于是，这一派从《礼记》之中摘出《大学》《中庸》，将其与《论语》《孟子》并列，欲借此阐明孔、曾、思、孟之学，兴起千百年间葬于黑暗中的绝学，便被称为道学。

被称为道学之祖的周子，名敦颐，生于真宗天禧六年（1017），神宗熙宁六年（1073）五十七岁殁，著述有《太极图说》及《通书》传世。前者是以太极图这一图表，说明宇宙生成之理，后者又名《易通》，是《易》之通论。前者论宇宙生成，究明道德之根源，后者则借《易》与《中庸》说明道德。《图说》中云：

> 无极而太极。太极动而生阳，动极而静，静而生阴，静极复动。一动一静，互为其根。分阴分阳，两仪立焉。阳变阴合，而生水、火、木、金、土。五气顺布，四时行焉。五行，一阴阳也；阴阳，一太极也；太极，本无极也。

这是说明宇宙生成之过程，但大体上不过取自《易》之“太极生两仪，两仪生四象”再结合五行说而说明。《图说》之后说，阴阳二气交感而化生万物，其中人尤为秀灵，有形体同时有精神，最后说：

> 五性感动而善恶分，万事出矣。圣人定之以中正仁义，而主静，立人极焉。

这是说人类道德是中、正、仁、义四字，实现这一道德的极则在于静之一字。《通书》中说，仁是生物之力，义是成物之动。把宇宙现象看作太极之生成的周子，认为人之道德仁义不外是生成之作用。生成之作用，在于物各得其正所，调和而行，故他又把中正二字放在仁义之上。《通书》云：“中也者，和也。”故中即调和之意。此中正二字，也是《易传》中屡屡重复的文字，推崇物各居正位、当中爻出于《易》之思想，同时又与《中庸》的“中也者，天下之大本也；和也者，天下之达道也。致中和，天地位焉，万物育焉”的思想有关。总之周子相信，顺宇宙生成调和之理即是人类道德。破坏此生成调和的原因皆在于欲，故《图说》云:“主静，立人极焉。”以静为主，即去欲之意。但虽说去欲，也不是宜如枯木死灰，而是避欲而勿破坏自然的生成调和，积极地说，即是自己诚而不伪之意。于是《通书》云:“诚，无为。”又云:“诚，五常之本，百行之源也。”无为即是静，静和诚大概是从两面说同一心地。力说诚，也是源于《易传》和《中庸》的思想。要之，周子的宇宙观和道德说，乃玩味内察《易》与《中庸》而披沥其领悟所得，从这一点上说，其思想属于范仲淹一派而更深化。把单一的生成调和之原理贯彻于宇宙现象及人类道德，便是宋学的长处。

周子之思想出自《易》与《中庸》,《图说》和《通书》也可以说是《易》和《中庸》的义疏。然而其中所说的“无极而太极”、“太极本无极也”及“主静”，并不是儒家本来的思想，反而源自道家思想。据朱震的《汉上易传·进易表》，周子曾从学于穆修,并传陈希夷之学。据说陈希夷是五代道士，受魏伯阳以来的道家说，传之于种放，种放传之于穆修。再考虑到周子之太极图，乃综合魏伯阳《参同契》上的《水火匡郭图》和《三五至精图》，则周子受道家影响之事实便很明了,《图说》中显现面影也是自然。另外，此图不一定仅见《参同契》，唐代僧人宗密的《禅源所诠集都序》中亦改造《水火匡郭图》而说明起信论之教理。或许在唐宋之际，此种图解很盛行，因此周子便图解宇宙生成的顺序。又据毛奇龄的《太极图说遗议》之考证,《太极图说》中有很多来自宗密《原人论》的句子。宗密是华严学者，且一说周子曾学于润州鹤林寺僧人寿涯，又一说曾学于东林寺之常聪，听华严理事法界之说，故不能否认《图说》中有《原人论》之影响。因而，周子之学是以《易》与《中庸》为骨干，但也有道家思想、佛家思想的影响。综合这些思想，完成融通宇宙原理与道德法的一家哲学，便是周子之所以为周子的地方。

张横渠，名载，神宗熙宁十年（1077）五十八岁卒。少时好谈兵，但范仲淹授《中庸》一篇，劝儒者宜乐名教，以后他便志于学道，嘉佑初年在京师见二程子，益坚其志。张子有《易说》三卷、《西铭》一篇、《东铭》一篇、《正蒙》十篇等，其以《易》《中庸》为中心的思想与周子同样，但张子不像周子那样说太极无极，又不说二气五行，而以一气之聚散说明万物之生生。张子认为，气之本体是太虚无形，其聚集时取象而成万物，分散时复入无形而成太虚。这就像水凝成冰、冰释为水一样。此气之聚散，即气化，便是所谓的道，他称此道为太和。张子这般见解与周子不同，但称气之本体为太虚无形、称此道为太和，则与周子的太极无极之说、教说中正仁义有一脉相通之感。周子和张子都将道的中心观念置于调和上。

把天地间万物看作同一气化之生成的张子，在《西铭》之首说：

> 乾称父，坤称母；予兹藐焉，乃浑然中处。天地之塞吾其体，天地之帅吾其性。民吾同胞，物吾与也。

这是把天地间万物看作自己的同胞与类，吾之性即天地之性。可是《正蒙》说：

> 太虚不能无气，气不能不聚而为万物……游气纷扰，合而成质者，生人物之万殊。

这并不是认为万物平等，而是承认其由于气的聚散状况而出现种种差异。在该篇中又说：

> 形而后有气质之性，善反之则天地之性存焉。

这就区分了天地之性与气质之性，而不是认为各人的气质就直接是天地之性。毕竟一气之聚散而生形之万殊，则其性亦同时有正偏之差异，而改变气质之偏倚便是修养之根本。这种见解与伊川的理一分殊说有重要关系。

程明道、程伊川二人并称为二程子。明道名颢，神宗元丰八年（1085）五十四岁殁；伊川名颐，明道之弟，徽宗大观元年（1107）七十五岁殁。二程子初学于周茂叔，亦与张横渠交游，其思想学说与此二人关系颇深。二程子的著述及言行集于《二程全书》之中，通览便知两人的思想虽大体一致，但也有少许不同，故这里先说明道，次说伊川。

明道初学于周子，后泛学诸家，出入佛老约十年，再反求于六经而自得，故其学说中有很多与周子一致，但也有自己的特征。

周子说太极分为阴阳二气，二气交感而生成万物，张子说一气之聚散而生万殊，都是以生成作为宇宙之道。明道亦说“天地之大德曰生”“天地絪缊，万物化生”（《遗书》十二），以生成作为宇宙之道。但明道又说“独阴不生，独阳不生”（《遗书》十一），说“万物莫不有对，一阴一阳，一善一恶，阳长则阴消”（《遗书》十一）等，将阴阳消长视作一，称之为“天地之理”，或“天理”，或单称之为“理”。将阴阳消长而化生万物说明为天理，是周、张未说及之处，明道亦明言“吾学虽有所受，

天理二字却是自家体贴出来”。(《外书》十二)

视阴阳生生为天理的明道，认为人类道德亦不外乎此理。“理在天下只是一个理。……敬则只是敬此者也，仁只是仁此者也，信是信此者也”(《遗书》二上)便是证据。然而，他在仁信敬等诸德中特别重仁，说“学者须先识仁。仁者，浑然与物同体，礼义智信皆仁也”(同上)。因而，他认为仁就是顺天地生生之理，这种以生生为仁的观点与周子相同。

周子说，人与物之所以不同，是因为人兼备形与精神，但明道说“天地之间，非独人为至灵，自家心便是草木鸟兽之心也，但人受天地之中以生尔”(《遗书》一)，又说“人与物，但气有偏正耳”(同上)，则人与物的区别在于能否得气禀之中。在此点上，明道较之周子反而更接近张子。

明道将人与物的不同视为气的偏正各异，又将人的性质不同归于气的偏正。他说：“人生气禀，理有善恶，然不是性中元有此两物相对而生也。有自幼而善，有自幼而恶，是气禀自然也。”(《遗书》一)又说：“天下善恶皆天理。谓之恶者非本恶，但或过或不及便如此。”(《遗书》二上)换言之，明道认为人性之善恶源于气禀之偏正，并不是本质的不同，因此避偏趋正便可回归本性。人偏离正位是受私心、私智所累，故人必须努力舍私心，破私智，廓然而大公，物来而顺应，此是定性的理由(《明道文集》三，《答张横渠书》)。明道借气禀之正偏说性之善恶这一点，颇似张横渠，但关于矫正气禀之偏的办法则见解不同。为了改变气质，横渠以穷礼与行礼——换言之即研知敬行——为主，但明道则强调摈弃自私、用智，只无心地顺从当然之理，反而似周子的主静之说。

总之，明道认为阴阳消长而生生万物便是宇宙之道，即天理。顺从天理，即是人道，因此人须舍私心而大公，以此顺从天理。天理一语便是明道哲学之根本，对比周子之太极，张子之太虚可窥见其思想进展之迹。周子之太极，是敷陈《易传》的“太极生两仪”而说明太极生万物之过程的流溢说[1]。阴阳两仪以下是形而下之事，但太极是形而上之事，超越经验，所以他在说明太极时借老庄用语而称“太极本无极”。但这种流溢性的解释，很难令众人首肯，因此张子单纯以气之聚散说明现象的发生，但为了说明气之为何，也只能用道家风格的“太虚无形”这种语言。然而明道解释说，生生即道，并称之为理或天理。“理”字从玉旁，本来是指玉的纹路整然，一转而为条理之义，再转为心之条理，即无论谁来想都会判断为至极之处，三转则是使事实成为事实的理由。明道的理或天理，正是第三转之意，至此，它已经不是作为现象根源

1　流溢说，新柏拉图主义奠基人普罗提诺（204—270）提出的神秘主义学说，认为“太一”是万物的本源，它先后“流溢”出“理性”、“灵魂”和物质世界。——编注

的本体性存在，而是使现象成为现象的道理，是离开现象就不能存在之物。到这里，性与理首次实现一致，穷理尽性的道学完全成立。在如此意义上使用“理”这个概念是佛教学者的提倡，特别是华严宗的学者常常对比“理”与“事”来解释教理。明道之天理，或许也是从佛家之说受到的启发。

通读《二程遗书》,会注意到其中关于《易》之记事者殊多。这暗示二程子学问的中心在于《易》，特别是伊川倾注一生心血而完成《易传》。伊川曾说“某于《易传》，今却已自成书，但逐旋修改，期以七十，其书可出”（《遗书》十七），又在答复张闳中时说“《易传》未传，自量精力未衰，尚冀有少进尔”（《遗书》二十一上），由此知他如何努力完成《易传》。伊川的《易传》舍弃旧来易家的解释,欲以理解释《易》,认为《易》是由象显理之书。他在《易传自序》中述象与理的关系，“至微者理也，至著者象也，体用一源，显微无间”，又以“至显者莫如事，至微者莫如理，而事理一致，微显一源”（《遗书》二十五）表达同一意思。伊川以事象为理之作用，以理为事象之本体，现象界的事象与本体之理不可分离，因此离开理则无事象，离开事象则无理，这种理与事象的一致是伊川哲学的根本。伊川门人尹和靖对其师说，“体用一源，显微无间”一语直接泄漏天机，伊川回答说:“汝看得如此甚善。”（《外书》十二）因此，“事理一致，体用一源”八字乃伊川哲学之核心。

伊川道破事理一致体用一源，但实际的现象界千差万别，无一相同。如此的差别如何认为是一理之作用？为了解释这一点，伊川改张横渠的“一气分殊”说为“理一分殊”，借此说明万象的差异。有人问：“学必穷理。物散万殊，何由而穷尽其理？”其答复说：“求一物而通万殊，虽颜子不敢谓能也。夫亦积习既久，则脱然自有该贯。所以然着，万物一理故也。”（《二程粹言》一）又说：“人要明理，若止一物上明之，亦未济事，须是集众理，然后脱然自有悟处。”（《遗书》十七）如此说法均是立脚于理一分殊说的话语。为说明事象之诸相，伊川取张横渠的想法而主张“理一分殊说”，在人性上也如张子分天地之性与气质之性一样，对讲理性与气质，前者存在于理之人，自然是平等的，后者是因各人禀受的气之偏正而定的才质，每个人不一样。但理与气本来一体，气只是理之用，故气质之性若以涵养、进学而矫正其偏倚，则可以归于理性。涵养就是用敬，进学就是致知（《遗书》十八）；敬是整齐严肃使心为一而觉悟天理之自然的方法，致知即《大学》中的致知格物。伊川如下解释《大学》中的致知格物：

或问：“进修之术何先？”曰：“莫先于正心诚意。诚意在致知；致知在格物。……凡一物上有一理，须是穷致其理。……”或问：“格物须物物格之，还只格一物而万理皆知？”曰："怎生便会该通。……须是今日格一件，明日又格一件，积习既多，然后脱然自有贯通处。”

一物之上有一理，格之需要积习，是因为将一切事象看作分殊。至于说终于脱然贯通，是因为承认理一。总之，伊川性说，及为学的方法明显都基于理一分殊说。

伊川哲学在于“事理一致”与“理一分殊”两句话。然则伊川从哪里获得此种见解之提示呢？我想恐怕是从华严的三法界观得来的。三法界观是华严始祖杜顺首倡之说，杜顺的《法界观门》将此分为真空观、理事无碍观、周遍含容观三种，第四祖澄观的《法界玄镜》改称为理法界、理事无碍法界、事事无碍法界，澄观弟子宗密的《注法界观门》亦用此名称。真空观否定差别的事象，力说绝对之一理；理事无碍观说明理与事象之一致；周偏含容观说明每个事象为绝对的，所有事象皆互相含容。伊川之事理一致说正当理事无碍观。伊川常常事、理两个概念对说，而这一点也是华严家之常谈。伊川的门人刘元承问伊川曰："某尝读《华严经》，第一真空绝相观，第二事理无碍观，第三事事无碍观，其理如何？”伊川答曰："一言以蔽之，不过万理归一理。”（《遗书》十八）由此观之，《华严》对于伊川及其门人明显是一个问题，而伊川似有相当深刻的理会。所以，认定其哲学有借鉴于华严教理之处恐怕不为时过早吧！

《华严》哲学之究极在于第三层之事事无碍观，但伊川为何仅止于第二层之理事无碍观？恐怕他认为在说明儒教之道德上，事事无碍之思想有害无益吧。他主张理事一致体用无间，但为了说明事象的区别而拿来张子的见解，宣扬理一分殊。他曾激赏张子的《西铭》，认为《西铭》卓越之处在于理一分殊，因为仅强调理之一方，则成了墨子兼爱之说，而不能主张父子之义；仅倡导分殊之一方，遂陷于杨朱之利己主义而失仁。立脚于分殊而推及理一，则儒家之仁道可以确立。因此可知，伊川之着眼点仅在说明儒之道德，这是他不深入事事无碍观而停止于理事无碍观的原因。这也是伊川哲学未成为佛教哲学，而是作为儒教哲学闪耀的原因。

以上略述周、张、二程之学，并概括以《易》《中庸》为主的范仲淹一派的见解，以下略述欧阳修一派的思想。

第二十四章

春秋学——欧阳修与司马光

欧阳修更是文学家，在经学与思想方面让周、程诸子一步。但他有他的特征，言周、程诸子之未言，思诸人所未思。周、程诸子的经学以《易》与《中庸》为中心，欧阳子则作《周易童子问》，谓《易传》非孔子之作，又在《进士策问》中断定《中庸》亦非子思之作。这是欧阳子的思考不同于周程诸子的明证。后者欲借思索而宣明圣贤之精神，反之，前者公道地阅读经书而对其批判。前者的态度可说是哲学的，后者的则可说是历史的。

欧阳修批判《易》与《中庸》而怀疑其作者，进而怀疑《周礼》亦非周公之作（《居士集》四十八《问进士策》三首）。其又作《诗本义》，评《毛传》与《郑笺》，陈述自己的见解。如前所述，他为孙复写的墓志铭，赞赏其《春秋尊王发微》，自己亦作《春秋论》三篇，指摘三传的矛盾与不合理之处。他推崇《春秋》之义,作《正统论》,并基于此义而作《五代史记》。批判《春秋》三传，唐代已有啖助、赵匡等人，并非宋代才出现，但到欧阳子时更加深刻。这种以批评之眼阅读经书的方式前代稀见，乃欧阳修一家之读书法，对其门下的影响也颇大。

欧阳子门下有著名的苏氏兄弟。兄名轼，以东坡居士之号驰名。此人著有《书传》二十卷,从历史立场来批评《尚书》本文;轼之弟辙,著有《诗解》二十卷,解剖《毛诗》中的小序,认为真正可看作毛序的仅最初一句，其后都是后学敷陈的集录。这一见解成为后世郑樵之《诗序辨妄》及朱子《诗序辨说》之先驱，在经典批判中开拓了新的方面。

欧阳子门人中又有刘氏兄弟。兄名敞，世称公是先生，著有《七经小传》《春秋权衡》《春秋传》《春秋意林》《传说例》等，是最擅长《春秋》的学者。弟攽，世称公非先生，在司马光手下帮助编纂《资治通鉴》。

总之，欧阳修一派的学者批判性地阅读经书，于诸经之中似特别用力《春秋》。《春秋》本是春秋时代的历史，其文章出自史官之手，但孔子加以删改，借历史来鼓吹政治道德之精神。借孟子之语来说，这就是“其事齐桓、晋文，其文则史，其义则丘窃取之矣”。儒家经典的价值，便存在于借记录齐桓、晋文事实的历史来说义这一点上。欧阳修写《新五代史记》、作《正统论》也是想借历史述义，因此苏轼的《正统论》及苏辙的《史论》也基于同样的精神。在与此相前后所作之《资治通鉴》中亦有这种观念。

《资治通鉴》如其名所示，是为了给天子作政治参考而著的史书，司马光是其编者。司马光，字君实，生于哲宗元祐元年（1086），六十八岁殁，获赠太师、温国公。《通鉴》是司马光治平二年（1065）拜诏，经过十九年的岁月，至元丰七年（1084）完成的图书。根据温公自己的说法，其一生精力倾注于此书。助其编纂的代表人物是刘攽、刘恕、范祖禹三人，根据《四库全书提要》，刘攽分担汉以前，刘恕分担三国、南北朝，范祖禹分担唐与五代，而全谢山的《通鉴分修诸子考》中据温公的帖子，认为隋以前为刘攽负责，唐为范祖禹负责，五代为刘恕负责。刘攽有《汉释》，范祖禹有《唐鉴》，刘恕有《十国纪年》，如三人负责自己擅长的时代则全谢山的见解正确。

温公乃与邵、张二程子有深交，在著作《迂书》中说："穷理尽性，以至于命。世之高论者，竞为幽僻之语，以欺人，使人跛悬而不可及，愦瞀而不能知，则尽而舍之，其实奚远哉！"可知他不喜欢幽玄哲学，也不是如欧阳子一派的人那样批判性地阅读经典。他在《论风俗札子》中说："新进后生，口传耳剽，读《易》未识卦爻，已谓《十翼》非孔子之言；读《礼》未知篇数，已谓《周官》为战国之书；读《诗》未尽《周南》《召南》，已谓毛、郑为章句之学；读《春秋》未知十二公，已谓三《传》可束之高阁。”批评当时学风失于武断，或许就是指欧阳修一派。因此温公对欧阳修派读书法不满，但他欲借历史而明义的观念则与欧阳修的见解一致，特别是助其编纂的学者中也有刘攽这样的欧门学人，故将其附论于欧阳子之后。

《通鉴》是为资政治之参考所作史书，则它一开始就不只以记事正确为目的。据《山堂考索》及《直斋书录解题》等，奉诏编纂《通鉴》前，温公仿《左传》风格，将战国至秦二世之历史写成《通志》八卷，上奏英宗，受英宗之命而续写《通鉴》。现在的《通鉴》不效纪传体而用编年体，并时时加以论评，显然是模仿《左氏》之例。《通鉴》于《左氏春秋》绝笔之处起笔，或许也有继承之心。在《山堂考索》中，刘恕问温公为何《通鉴》不从上古开始，温公回答说，周平王以来的事情已见于《春秋》，不可损益圣经，所以从之后开始。刘恕便反问何故不从获麟之岁始，温公回答说，必须考虑接续圣经。由此知《通鉴》显然是继《左氏春秋》而作，其中所插论赞亦可比于《春秋》之义。

那么《通鉴》之大义为何？这里不能把全部二百九十四卷一一论究，但其开卷第一篇有著名的《名分论》，其中道破“天子之职莫大于礼，礼莫大于分，分莫大于名”，力说名分之重要。所谓名分，总而言之就是明君臣之义，此即全书之大义。因此《通鉴》为了宣明《春秋》之义，避空谈而以后世历史来教大义名分。此书传至日本的时候，北畠亲房学习后遂作《神皇正统记》也并非偶然之事。

要之，到了北宋以后，经学，或者广泛地说，儒学之大势一变，不满足于历来之师承与训诂，而是盛行诉之于自己主观以把握圣人心情。这种普遍倾向，在一方面唤起了以《易》《中庸》为中心，高唱穷理尽性的周、张、二程之学；在另一方面，亦唤起以《春秋》为中心而力说大义名分的欧阳、司马之学问。前者欲以内省思索而究人类道德之根源，后者欲基于文献与历史而探求人类义务在何处；前者探求仁心起源、根据；后者阐明、鼓吹义务的本质。此后两派均出现很多后继者，至南宋时由朱子合两派而为一，宋学集于大成。于是我们换章讲述朱子。

第二十五章

宋学之大成——朱子

朱子，名熹，字元晦，别号晦庵、晦翁。他是安徽徽州婺源人，徽州晋时为新安，因此自称新安人。朱子生于高宗建炎四年（1130），从师甚众，特别值得注意的是他师从李延平，学程子之学。延平是罗从彦的弟子，从彦是二程子门人杨龟山的弟子。朱熹殁于宁宗庆元六年（1200），年七十一。其留传于世的主要著作如下：

（一）《周易本义》十二卷、《易学启蒙》四卷、《诗序辨说》一卷、《仪礼经传通解》三十七卷、《孝经刊误》一卷。

（二）《论语精义》十卷、《论语或问》二十卷、《论语集注》十卷、《孟子精义》十四卷、《孟子或问》十四卷、《孟子集注》七卷、《孟子要略》五卷、《中庸章句》二卷、《大学章句》一卷。

（三）《太极图解》一卷、《通书解》一卷、《西铭解》一卷、

《二程全书》六十四卷《附录》三卷、《上蔡语录》三卷、《延平答问》一卷《后录》一卷、《近思录》十四卷、《小学》六卷、《伊洛渊源录》十四卷。

（四）《资治通鉴纲目》五十九卷。

（五）《文集》百二十卷、《语录》百四十卷。

从上举第一类书可见朱子治五经态度，由第二类书可见他对《四书》的态度，从第三类书可见他对北宋诸儒的态度，而由第四类《通鉴纲目》更知他与春秋家的名分论的关系，最后一项的《文集》与《语录》集其生平的文章与语言，提供了关于他的丰富资料。

我们先说朱子研究五经的态度吧。

朱子论《易》，著有《本义》与《启蒙》。其中《本义》以二卷释《上下经》，以十卷释《十翼》，各不相混，故与《伊川易传》将彖、象、文言之辞分置各卦之下而同时注释的做法不同。这是因为他觉得，《易》原本是卜筮之书，伏羲画八卦时自不待言，文王重卦作《系辞》、周公作《爻辞》时仍以卜筮为目的而作，至孔子作《十翼》，始以义理言《易》。因此读《易》必须要大体上分为三等来阅读。因为伏羲有伏羲之《易》，文王有文王之《易》，孔子有孔子之《易》，以孔子之《十翼》释文王之《系辞》，或者更进而论伏羲之八卦则是时代错误。（《语类》六十六）因此他不赞成《程传》一律以义理言《易》，也不附和欧阳子谓《十翼》非孔子著作之说，解经就重象数，说《十翼》则重义理，而于《启蒙》一书中更讨论伏羲之《易》。这种见解是否得当，在学者间有争论，但在一部经典中思考其内容的时代前后，实亦可谓见地独到。

其次，朱子论《诗》亦独树一帜。前文曾述，苏辙认为诗序为后人增窜，只承认最初一句而排除其后部分，其后郑樵作《诗辨妄》，斥诗序为村野凡夫之作。朱子受郑氏之说启发而作《诗序辨说》，将此部分排除，直接以《诗》的正文考量作者本意并作《集传》。朱子说，据《汉书·儒林传》，《诗序》似卫宏所作，但细细思考则知这也并非全出自卫宏一人之手，而是两三人续成。苏子将第一句与后面部分区分开来确有独到之处，但最初之句也不见得就得诗人之意，所以必须要将这些全部舍弃而直接玩味《诗》的正文（《语类》八十）。在这一点上，朱子与苏辙同调且更进一步，近似欧阳子派的读诗方法了。他赞赏欧、苏二公说："子由《诗解》，佳处甚多，欧公《诗本义》亦好。"又说："欧阳会文章，故《诗》意得之亦多。"（《语录》八十）综合考虑，我们说他对《诗》的观点来自欧阳子基本没错吧。

年谱谓朱子六十九岁时集《书传》，但今不传。不过从《语录文集》中所载语录来看，他对《书》非常有卓见。他说："《书序》恐不是孔安国做。汉文粗枝大叶，今《书序》细腻，只是六朝时文字。《小序》断不是孔子做。”又说：“《尚书小序》不知何人作。《大序》亦不是孔安国作，怕只是撰《孔丛子》底人作。”由此可知，朱子既疑《诗序》更疑《书序》。他又疑《安国传》，云：“《尚书孔安国传》，此恐是魏晋间人所作，托安国为名，与毛公《诗传》大段不同。……如《孔丛子》亦然，皆是那一时人所为。”又云：“伏生《书》多艰涩难晓，孔安国壁中《书》却平易易晓。”据此可知他虽未疑古文《尚书》为伪书,但已注意到今古文的文风不同。蔡沈得朱子之意而作《集传》，识今古文之分，而开后来明证古文伪作的先风，由此可见朱子读书眼光之锐利。朱子又常称赞东坡《书传》，谓“东坡书解文义得处较多”“他看得文势好”等。他从东坡《书传》，断定《康诰》篇首“惟三月哉生魄”以下四十八字为《洛诰》之断简，并疑《康诰》为武王之诰，《书序》为成王之诰，遂否定《书序》全部。(《语类》七十八《答许彦章问》）细考这一思考过程，可知他的观点很受东坡的影响。

至于《三礼》，朱子认为《周礼》为独立的书，但《礼记》为《仪礼》之传，乃合《仪礼》与《礼记》，更集诸书之礼事而作《仪礼经传集解》。他在《乞修三礼劄子》上说的“以《仪礼》为经，而取《礼记》及诸经史杂书所载有及于礼者，皆以附于本经之下，具列注疏诸儒之说，略有端绪”，就是指这本书。此书朱子生前仅著成三十七卷，其后门人黄榦补二十五卷，始为完书。《语类》八十五曾云:"《仪礼》是经,《礼记》是解《仪礼》。如《仪礼》有《冠礼》,《礼记》便有《冠义》;《仪礼》有《昏礼》,《礼记》便有《昏义》;以至《燕射》之类,莫不皆然。只是《仪礼》有《士相见礼》,《礼记》却无《士相见义》,后来刘原父补成一篇。"由此可知他整理《礼经》的来源了。有一点要注意的是,他虽如上所述,视《仪礼》为经、《礼记》为解,但也以为《仪礼》中时有相当于《礼记》的内容,而《礼记》中亦往往混集经文,不得一概而论(《语类》八十五)。其后,《礼经》的整理工作由后来江永著《礼书纲目》而完备,而朱子的经记混同说成为邵懿辰的"经中有记、记中有经"说之源。不仅是《礼经》这一本,他认识到古书之中混杂着比较新的部分与旧的部分,可以说是给古书的鉴别带来标准。朱子以同样的方法分析《孝经》,将之分为经与传两部分,对于《大学》也用同样的方法,将之分为经一章与传十一章。后世学者对此虽有非难之声,但可见他读书眼光犀利、见识高超。

朱子评《春秋》,尊"《春秋》一经本是明道正谊、权衡万世典刑之书",但并未著相关图书。不过他改订了以同样目的而作的司马光《资治通鉴》,成《通鉴纲目》五十九卷。关于此书的由来,据其《序》云,司马光作《通鉴》,取其纲要作《目录》三十卷,后忧心其过于简单而拟作《举要》八十卷,未成,后胡安国作《举要补遗》,仍未能谓为完全。于是朱子与其同仁由司马光、胡安国之四书而作《义例》，大书以提要，分注以备言，使得观览之便。不过，朱子编此书的理由主要的还是因温公之旧例在正名分、记正闰上尚有遗憾之处，他在书简中明言。试引其中一节如下：

> 《通鉴》之书，顷尝观考，病其于正闰之际、名分之实，有未安者，因尝窃取《春秋》条例，稍加檃括，别为一书，而未及就。(《文集》四十《答李滨老书》)

可知他编纂纲目乃欲以《春秋》条例正正闰、定名分。纲目本身并非全部由朱子所作，而是他仅作大纲，使赵师渊作细目，但大体的精神本于朱子，因之《纲目》可说是朱子的春秋学著作。

以上略述朱子对五经的研究及态度。简言之，朱子阅读、研究五经的方法深受欧、苏二子的影响并将其发展，在甄别古书真伪方面可谓启一新纪元。近顷喜考证学之人多批评宋学之弊，末流小家固无论矣，如朱子这般大家在一字一句的训诂上亦不免粗忽之识，但在批判性地阅读书籍并思考其性质这一点上，凡庸考证家仍不能望其项背。不对，考证之端倪甚至是由朱子开拓的。清初顾炎武、阎若璩之辈皆出自朱子学，并发展朱子这一方面。

另外需要注意的一点是，自孙复至欧阳子，自欧阳至刘敞、司马光，自司马光至朱子的《春秋》与历史之学中，名分正闰之论盛行，有裨于振作道义。欲窥宋学之全豹，此点必须了解。

朱子对五经的著述已如上述，对他来说更重要的第二类的《四书》注释。朱子四十三时，集洛学九家之说著《论语精义》二十卷、《孟子精义》十四卷，四十八岁时再撮精义之要作《论语集注》十卷、《孟子集注》七卷，还作《论孟或问》三十四卷，明取舍之理由，其后犹屡有改订。他很早就想作《大学》与《中庸》的详解，但六十岁时才整理为《大学章句》《中庸章句》，直到临死还改订不怠。朱子注释《四书》之苦心由此可知。

《论语》是孔子的言行录，汉以来即尊为六经之喉衿，《孟子》自后汉赵岐以来亦有数家之注，唐代的韩愈尤为重视，但《大学》与《中庸》仅作为《礼记》中的一篇流传，并未被如此尊重，且《中庸》在《礼记》郑注中被视作子思之作，至于《大学》则连作者亦不可明。但至刘宋时期，戴颙著《中庸传》二卷，梁武帝也著《中庸讲疏》一卷，张绾、朱昇、贺琛奉圣旨而作《私记制旨中庸义》五卷，至唐代则李翱基于此而作《复性书》三篇，此书渐为人所重。下至范仲淹、周子则特别著录，及至河南程子出，尊信《大学》并视为孔子遗书，司马光亦作《大学广义》一卷而专行已见，由是单独注解《大学》与《中庸》的著作遂日增多。及朱子出，认为《大学》传曾子之学，而《中庸》为子思所作，与《论》《孟》相配，由此四书可见孔子以至曾子、经子思再传于孟子的道统。因此他努力为阐明此意而作注释，且说圣贤之书"简而易知，行而易守，则莫若《大学》《论语》《孟子》《中庸》之篇也"(《文集》五十九《答曹元可》)，又说"盖不先乎《大学》，无以提纲挈领而尽《论》《孟》之精微；不参之《论》《孟》，无以融贯会通而极《中庸》之归趣。然不会其极于《中庸》，则又何以建立大本，经纶大经，而读天下之书，论天下之事哉？以是观之，则务讲学者固不可不急于四书"(《大学或问》)。朱子没后，《集注》被作为官方教材而广行天下，《四书》就成了比《五经》更重要的著作了。若一句话说明汉唐与宋代的经学，则可以说前者是以《五经》为中心，而后者是以《四书》为中心。

《四书》是宋学也就是朱子学的圣典，而表章《四书》、开拓学问之途径是周、张、二程的功绩。因此朱子汇集他们的著作研究，留下了第三类著作。其中《太极图解》《通书解》解释周子之著述，《西铭解》注释张子之书，而《二程全书》则是辑二程子之语录、文章之作。《上蔡语录》与《延平答问》则录二程子以至朱子之间的师儒之语。他为了集诸先辈及其友人门下等传记，以明示学问的授受源流，编撰《伊洛渊源录》，又整理先辈遗训之精要而著《近思录》十四卷。此外，他为教育童蒙而辑《小学》六卷。这些是想了解朱子先辈及朱子学说所不可或缺的资料。为了补全而收集朱子的文章与对话的《文集》《语录》，也是贵重的资料。现在试根据这些材料略述朱子的思想学说。

朱子的宇宙观，是以程子的哲学解释周茂叔的《太极图说》与张横渠的《西铭》，从而自成一家。他附总论于《西铭解》之末云："天地之间，理一而已。然乾道成男，坤道成女，二气交感，化生万物，则其大小之分，亲疏之等，至于十百千万而不能齐也。不有圣贤者出，孰能合其异而反其同哉？《西铭》之作意盖如此。程子以为明理一而分殊，可谓一言以蔽之矣。"这显然是据程子的"理一而分殊"说以论《西铭》。朱子、程子都有理一分殊的见解吧。由是，他以《太极图说》说明由一理以生万殊的过程。周子的《太极图说》说，无极即太极流转而成阴阳二气，阴阳二气变合而成水、火、木、金、土五气，无极之真与二气五行之精妙合交感而化生万物，但朱子解释说，无极之真即程子之理，而二气五行之精即气。他又说太极是形而上的道、阴阳是形而下的气，综合二者则太极是形而上的理，而阴阳是形而下的气。他明确区分理与气的概念，说："天地之间，有理有气。理也者，形而上之道也，生物之本也；气也者，形而下之器也，生物之具也。是以人物之生，必禀此理，然后有性；必禀此气，然后有形。其性其形虽不外乎一身，然其道器之间，分际甚明，不可乱也。”（《朱子文集》五十八《答黄道夫书》）由此可知他似乎视理与气为完全不同之物，但又说：“所谓理与气，此决是二物，但在物上看，则二物浑沦，不可分开各在一处，然不害二物之各一物也。若在理（论）上看，则虽未有物而已有物之理（论），然亦但有其理而已，未尝实（际）有是物也。大凡看此等处须认得分明，又兼始终，方是不错。只看《太极图》熹所解第一段，便见意思矣。”（《文集》四十六《答刘叔文》）合起来看，即从事物上看察，理与气乃判然两分；从逻辑上看，若气存在则就有使气成为气的理由，也即理，因此这仍是说太极之一理是根源，一理流转而成形而下的器，由是理气之概念并存而又有区别。

太极者即形而上的一理，此理流转，降至形而下，于此表现为阴阳之气，而此气中复有阴阳之理，则气是赋予万物之形的原因，理是决定万物之性的原因。《太极图说解》说：“太极，形而上之道也，阴阳，形而下之器也……虽然，推之于前而不见其始之合，引之于后而不见其终之离也。”太极也即形而上的道，是从逻辑上推究的万物之始，在此处只有一理而无理气结合，而它降于事实上的形而下的气后，理气又密合不可分离。所以朱子的宇宙观是理一元论，当理流转为形而下之现象时，理气二元之对立才被承认。至于说到形而下的现象，天下事物皆有理气，理决定其性而气赋之以形。形由阴阳五行之气的结合形式不同而显示出千差万别之相，性则是太极一理直接存于万殊之物中，全部相同。《太极图说解》中说过同样意思的话："自万物而观之，则万物各一其性，而万物一太极也。盖合而言之，万物统体一太极也；分而言之，一物各具一太极也。"因此朱子认为，万物的区别即分殊是因为阴阳五行之气（即形而下的器），与理无关，万物虽然分殊但其理则一。程子的理一分殊说是本体的一理分而生出事象的差异，而朱子认为事象的差异是形气之异，藏在深处的理都是同一的，天下万物在理上绝对如一。在这一点上，朱子比程子更进一步。

在宇宙论方面朱子继承程子而更进一步，在性说方面也承袭程子并说性与气，"气质是阴阳五行所为，性则太极之全体"（《文集》六十一）。在《中庸》首章的注释里面他详言之："性即理也，天以阴阳五行化生万物，气以成形，而理亦赋焉。……于是人物之生，因各得其所赋之理，以为健顺五常之德，所谓性也。……性道虽同，而气禀或异，故不能无过不及之差。"他把这两种性称作本然之性与气质之性，而本然之性在道德上看就等于是"诚"。他在《太极图说解》书中说：

“太极之有动静，是天命之流行也……诚者，圣人之本，物之终始，而命之道也。其动也，诚之通也……其静也，诚之复也，成之者性。”在《中庸》第十九章注云：“诚者，真实无妄之谓，天理之本然也……圣人之德，浑然天理，真实无妄……亦天之道也。”由此可知，他将太极之理在道德性地解释为“诚”，天地间所有人与物都具备诚。诚成为具体的德而被表现出来，就是仁、义、礼、智四德。因此他以爱之理、心之德来解释仁。如此，人类的本性中已具有太极之理也即诚，而它表现为仁、义、礼、智四德，所以人性本善。但人亦有气禀之异，有昏迷愚蒙之人，也有聪明睿智之人。昏迷愚蒙的人是为物欲所迷，不能显现本性的善。本性不显是气禀也即气质之性受累，所以必须要讲避免它的方法。在此就出现了朱子的实践道德说。

朱子在倡导实践道德说时特别注重《大学》。他在《大学章句》开卷第一章中引程子之言说：“大学，孔氏之遗书而初学入德之门也。”不过他觉得过去的《大学》大多章次错乱，文句脱落，直接阅读没有作用，所以正其章节，补其阙略并加以注释，以此阐明其实践道德。朱子认为《大学》全书共分十二章，最初一章是经文，也即本文，为曾子所作。其余十一章是曾子门人祖述其师之言，故应视作十一章传。由此可知《大学》全意尽在第一章中，《大学》内容不出三纲领与八项目。所谓三纲领，一为明明德，二为新民，三为止于至善，这三项是古时大学教育的目的。要达到这三项，就必须实行接下来的八项目：一格物，二致知，三诚意，四正心，五修身，六齐家，七治国，八平天下。

上述三纲领第一条的"明明德"中，明德是人心虚灵不昧，能具众理，应万事。具有明德是人的本性，但明德常为气禀所拘，不能发挥其本来的作用。故人必须要摆脱此拘束，恢复到本性之初；其次的"新民"，是自己已明明德后，必须要将之推及他人，感化他人而革新社会。最后的"止于至善"，是为了实现上述两项，必然要完成作为人而应该做的事情。要行这三纲领必须顺次践履八项目，而其最初的是格物、致知。朱子以为从前的《大学》一书在属于传的各章中说明了其余六项目，而最重要的格物、致知两条却没有传（解释）。所以补充这两个项目的传，作为传的第五章。其文如下：

> 传之五章，盖释格物致、知之义，而今亡矣。闲尝窃取程子之意以补之，曰："所谓致知在格物者，言欲致吾之知，在即物而穷其理也。盖人心之灵莫不有知，而天下之物莫不有理。惟于理有未穷，故其知有不尽也。是以大学始教，必使学者即凡天下之物，莫不因其已知之理而益穷之，以求至乎其极。至于用力之久，而一旦

豁然贯通焉，则众物之表里精粗无不到，而吾心之全体大用无不明矣。此谓物格，此谓知之至也。”

这本是解释《大学》“致知在格物”一句，可是这一解释不过是把前文所引程伊川的话改头换面而已。所谓致知，是推极吾人的知识；所谓格物，是穷事物之理，因此“致知在格物”是穷千万事物之理而使吾人知识增长至极的意思。大概朱子认为，宇宙间的人与事都是太极之理的显现，其中完全具备太极之理。换言之，人心中的虚灵不昧的知的作用，与事物内部完全具备的事物之理，都是太极之理。因此，人穷事物之理就是使吾心之知完全，人今日穷一事之理，明日穷一事之理，积习至某种程度，因万殊之理本归一本，则最终豁然贯通，通晓所有之理，明吾心之大作用。关于心与理的关系，朱子说“心包万理，万理具于一心，不能存得心，不能穷得理；不能穷得理，不能尽得心”（《语类》九），表明心与理相依，主张存心必须要敬，穷理必须虚心静虑（《语类》九），倡导敬与虚静是致知格物的准备。然而要认真践行致知格物，意的活动中就没有虚伪。这就是所谓诚意，意诚则心自正，心正则身自修。如此完成齐家、治国、平天下，则个人的明德已全面发挥，社会的革新达成。这就是《大学》全篇的主张，同时也是朱子的实践道德论。

总之,朱子的宇宙论是以程子的哲学释周子的《太极图说》而成一家之言；他的人性论是以自己的哲学释《中庸》，以诚为一贯宇宙人性之理；在主张自己的实践道德观时，他也是以自身的哲学解释《大学》,力言格物穷理之道。因此,《大学》《中庸》遂成为与《论》《孟》并肩的重要儒家经典，以《学》《庸》《论》《孟》为根基的道学在此大成。

要之，五代之乱既治，天下归宋，一时屏息的学问出现复兴气韵。其时范仲淹、欧阳修二杰出现，在政治上均占据显要位置，并图学术之复兴，于是天下学士靡然集于二子麾下。但二子的性格与学问各不相同，范仲淹可谓纯真的道德家，欧阳修乃才气涣发的文学家，尚名节之学者集于前者门下，悦文学之才士驰赴于后者府中。前者之间出现了以《易》《中庸》为基础的道德哲学，最终形成了以四书为中心的道学，后者之间盛行以《春秋》为中心的名分论，最终形成号为正闰论的历史学派。合二者而为一的就是朱子学，朱子一方面以四书的集注而集范派之学于大成，一方面又以《通鉴纲目》而绍述欧阳派的学问，因此他可谓集宋学之大成。

以《四书》为中心的道德哲学想要说明，道德之本始自人性，而人性源于宇宙自然之理，因此它最终是仁的研究；高唱正闰论、名分论的历史学派要借历史以明君臣之义，因此它最终是义的说明。而综合这两个方面成一家的朱子学，可以说就是讲明仁义而已。仁义是孟子以来的儒家恒言，是中国历来的民族性道德，并非新鲜的东西。可是它守着过往的解释，已经不能掌控新的时代。宋代学者正处在这必须革新的时代。他们在政治、思想上都面临民族道德的危机。五代之乱既终，总算要天下统一，就又立刻应对辽、金的压迫；随着佛教的流行，他们所奉的道德说基础也晃动。因此他们忍受种种苦难，积累体验，也深入佛老之道而训练思索，由这种体验与思索所构成的新事物就是宋学。他们脱掉了训诂的弊衣，重返孔、孟之古家，取出被长久封存的《学》《庸》新衣，裁剪五经古衣的衣长并重新缝制，走向新的社会。成功重新缝制的人，便是朱子。

第二十六章

宋学与佛教

宋学的成立，得佛教刺激之处良多。我在上文叙述宋学渐臻大成的过程，这里就新立一章说说宋学与佛教的关系。佛教在后汉时始传入中国，其后经漫长年月的努力乃广得民心归趋。特别是唐、宋之际，种种教派确立，各以系统性教理向民间传教，结果儒教也不能原封不动了。因此宋代学者取佛教而改造儒教。不过他们也不是全无批判地取入佛教。唐代佛教的代表性宗派是天台、华严与唯识等宗，但周茂叔说“一部《法华经》只消一个艮卦可了”(《二程外书》十)，伊川说“看一部《法华经》不如见一艮卦”(《二程遗书》六。按《遗书》误“法华”为“华严”，今改正)。这或许是不满基于《法华经》而说止观的天台教义吧。伊川又论儒佛的不同，说“圣人本天，释氏本心”(《遗书》二十一下)，朱子也延续此说，称“大抵圣人之学，本心以穷理，而顺理以应物……释氏之学，以心求心，以心使心”（《朱子文集》六十七《观心说》），大概就是排斥与儒教不合的唯心论的佛教吧。前文已述，周子与《华严》之宗密有关，伊川亦取《华严》的事理无碍思想构成自己的哲学，继承伊川的朱子说“人人有一太极，物物有一太极。合而言之，万物体统一太极也。分而言之，一物各具一太极也。……然一物之中，天理完具，不相假借，不相陵夺……如月在天，只一而已。及散在江湖，则随处而见，不可谓月已分也”，使人宛然如读《华严》“十玄缘起”，则朱子的观点也与《华严》有几分相似。但朱子这段话并非直接取自《华严》，而是从程子那里继承的遗产。朱子十四岁时学于刘屏山、刘草堂、胡籍溪，这三人对禅都感兴趣，因此朱子自然也倾心释老，自己也说:“某年十五六时，亦尝留心于禅。”（《年谱》引《语类》）这个时候他参禅于大慧宗杲禅师、开善道谦禅师并对禅感兴趣，十八岁应举时箧底只藏有《大慧语录》一部(《佛祖通载》)。朱子说“盖出入释老者十余年”(《文集》三十八《答江元适书》)，又说“盖舍近求远，处下窥高，驰心空妙之域者二十余年”（《文集》三十八《答薛子龙书》）等，由此可见他直到四十岁前后还对禅感兴趣，但之后则全力于研究、确立儒教而排斥佛教。拾捡《文集》和《语类》,他看过《四十二章经》《维摩》《金刚》《般若心经》《圆觉》《楞严》诸经，支遁、僧肇、慧远之论，李长者之《华严合论》等，但对此也都是极其独断的看法：佛经仅《四十二章经》最古，其他皆为中国文士润色而成；《维摩经》是南北朝时萧子良之徒伪撰；《楞严经》仅咒文部分是原本，其余是唐代房融为解释而补足的；《圆觉经》仅最初两三卷好，其他是不合逻辑地增加的；《心经》是免于《般若》六百卷支离的节本；支遁、远、肇辈之论无非老庄之谈；《华严合论》则言语鄙陋不足取。这些经论在达摩入中国后皆一扫而空。禅家取而代之而作《传灯录》等，吵吵闹闹地说着传统，但其中西天二十八祖之偈则皆韵文。外国应无此韵文。他嘲笑说，禅也是起初有明快之问答，但这个时候说写莫名其妙的问答而自鸣得意。他彻头彻尾排斥佛教，掌握的佛教知识也相当浅薄。他自己说“熹于释氏之说，盖尝师其人，尊其道，求之亦切至矣，然未能有得”（《文集·答汪尚书书》），确实是不自欺的说明。因此，我们很难认为朱子的思索中有佛教的影响，那些只是周程二子所吸收的残余。总而言之，道学最初是佛教改造的儒教，及朱子出，始与佛教绝缘而立起独立之旗帜。

第二十七章

宋学之别流——陆子

上面已说过，朱子是集宋学之大成者，但与朱子同时，与其对立并隐然呈敌国之像的还有陆子一派。

陆子名渊，字子静，号象山，江西金溪人，生于高宗绍兴九年（1139），殁于绍熙二年（1191），年五十四岁，是与朱子同时代的后辈。陆子平生不好著作，现存《象山全集》五十六卷，是后人集其遗文杂说并附加行状年谱而成的著作。陆子的学问体系不甚明了，但据朱子“谢上蔡之说一转而为张子韶，子韶一转而为陆子静”，可知相较于朱子出自程门之杨龟山，象山乃出自程门之谢上蔡。更溯而上之，则朱子祖述伊川之学，而象山乃渊源于明道。

明道以一理说天下宇宙一切现象，而象山也说：

> 塞宇宙一理耳。学者之所以学，欲明此理耳。其理之大，岂有限量？程明道所谓“有憾于天地，则大于天地者矣”，谓此理也。(《全集》十二《与赵咏道书》四)

这正是继承明道的一理。他又说：

> 此理在宇宙间，未尝有所隐遁天地之所以为天地者，顺此理而无私焉耳。人与天地并立而为三极，安得自私而不顺此理哉？（《全集》十一《与朱济道书》)

这种劝人顺理而勿自私，与明道《定性书》中排除自私如出一辙。由是可知，象山之学乃渊源于明道。

可是象山比明道更进一步，认为理即心，提倡心即理说。他说：“宇宙便是吾心，吾心即是宇宙。”(《全集》三十六《年谱》) 又说：“心，一心也；理，一理也。至当归一，精义无二，此心此理实不容有二。”(《全集》一《与曾宅之书》) 又说：“人皆有是心，心皆具是理，心即理也。”(《全集》十一《与李宁书》) 如此之类即“心即理说”。据说他曾看到“上下四方曰宇，古往今来曰宙”，突然大悟，喝破“宇宙内之事乃己分内之事，己分内之事乃宇宙之事”(《年谱》)。宇意为空间，宙意为时间，则由时间与空间所结合的一切现象皆是我们主观的表象，即由心所作成。所以他说："万物森然方寸之间，满心而发，充塞宇宙，无非此理。"(《全集》三十四《语录》）又说："宇宙便是吾心，吾心即是宇宙。千百世之上有圣人出焉，此心同也，此理同也；千百世之下有圣人出焉，此心同也，此理同也。"(《文集》二十二《杂说》）由此可见，象山虽然从程子以宇宙本体为理的学说出发，但更进一步，基于理也是吾心之条理，而得出宇宙之本不外吾心的结论，从唯理论走到唯心论。因此王阳明称陆子之学为心学，此心学二字可以说是显示陆象山本领的评语。

但象山所谓"吾心"是怎么东西呢？

> 盖心，一心也。……夫子曰："吾道一以贯之。"孟子曰："夫道一而已矣。"又曰："道二，仁与不仁而已矣。"……仁即此心也，此理也。(《全集》一《与曾宅之书》）
>
> 道塞宇宙，非有所隐遁。在天曰阴阳，在地曰柔刚，在人曰仁义。故仁义者，人之本心也。(《全集》一《与赵监书》）
>
> 四端者，即此心也……人皆有是心，心皆具是理，心即理也。故曰："理义之悦我心，犹刍豢之悦我口。"(《全集》十一《与李宰书》二）

合而观之，可知象山所谓“吾心”指我们的道德心，仁、仁义或四端是其表露。因此宇宙之理最终不外乎我们的道德心，我们的心判断为当然之处即是宇宙之理。于是他又称这个心为“吾之本心”。吾人之心既然具备这样的道德心，那么此心之判断亦即宇宙之理，但“愚不肖者不及焉，则蔽于物欲而失其本心。贤者智者过之，则蔽于意见而失其本心”(《全集》一《与赵监书》)。因此他又说：

> 心只是一个心，某之心，吾友之心，上而千百载圣贤之心，下而千百载复有一圣贤，其心亦只如此。心之体甚大，若能尽我之心，便与天同。为学只是理会此。(《全集》三十五《语录》)

这是主张由学而尽本心。学习有知的方面与行的方面。

> 为学有讲明，有践履。《大学》“致知格物”，《中庸》“博学审问，慎思明辩”，《孟子》“始条理者，智之事”，此讲明也。《大学》“修身正心”，《中庸》“笃行之”，《孟子》“终条理者，圣之事”，此践履也。(《全集》十二《与赵永道书二》)

他在此倡导讲明与践履两方面不可偏废。简言之，象山论学的要旨承认宇宙之理仅存于吾人所具备的道德心，从讲明、践履两方面可扫除心之所蔽而发挥其本来面目。

考察陆子与朱子的异同，在哲学上，朱子属于伊川一派，自唯理论出发，同时说理、气两个概念以解释现象之生成，而陆子放弃明道的唯理论而转移到唯心论。前者犹止于理学，后者则趋向心学。这是朱陆相异的第一点。其次在伦理上，朱陆两人都重视知行两面，然朱子强调格物穷理而重知，陆子主张先立吾心之本领而尊性。即是说，朱子认为要致知格物就一定要穷天下之理，而陆子说："人情物理之变，何可胜穷？"耻一物之不知，也是耻其非耻，而这是淹没本心之所以。(《全集·与邵叔谊书》)这是朱陆不同的第二点。最后，重致知格物的朱子以读书为穷理之一法，终身致力于注释典经。陆子则云："学苟知本，《六经》皆我注脚。"(《全集》三十四《语录》)据说有人问先生何故不著书，陆子云："《六经》注我，我注《六经》。"(同上)这是朱陆不同的第三点。

第二十八章

朱陆的门下

朱陆俱为宋代大儒，门生颇多，然正如朱陆观点相异，其门人亦不相容。据陆子云，朱子在给某学者写信时说："陆子静专以尊德性诲人，故游其门者多践履之士，然于道问学处欠了。某教人岂不是道问学处多了些子，故游某之门者践履多不及之。"（《陆全集》三十四）黄宗羲亦说："先生（陆九渊）之学，以尊德性为宗，谓'先立乎其大……'同时紫阳（朱熹）之学，则以道问学为主，谓'格物穷理，乃吾人入圣之阶梯。'"（《宋元学案》卷五十八）并认为二者之不同可以《中庸》之"尊德性而道问学"这一句说明。所谓尊德性，意思是陆子的学问主要在于照亮吾人本心，而问学则表明朱子力说的格物穷理；陆子的后学奉其师训而潜心研究本心，朱子的后学则模仿其师作为格物穷理之一端而努力研究、注释经典的做法，潜心经典研究，彼此之间形成了有趣的对照。

朱子门生甚多，其中有人继承性理的研究，但努力研究古典的人更多。如蔡元定之子蔡沈体朱子之意而作《书经集传》、黄榦补全朱子《仪礼经传通解》的未了部分就是著名的例子。黄榦门下有何基，何基之弟子有王柏，著《诗疑》《书疑》等书，认为《中庸》可分为两部分、《大学》中亡佚了格致之传等，基于批判性立场研究经传。更下，王柏门下有金履祥，著《论孟集注考证》等书而考证《朱注》，黄榦门人饶鲁的再传弟子陈澔也著《礼记集说》，其他如魏了翁乃朱子门人李燔的弟子，作《九经要义》，真德秀乃詹体仁的弟子，作《大学衍义》。以上皆可以说是继承了朱子的研究精神。朱子门人辅广的三传弟子黄震出而作《日抄》，真德秀的再传弟子王应麟融以吕东业、陈止斋之学作《困学纪闻》和《玉藻》等大著。此黄震与王应麟可说是后起的清朝考证学之先驱。

朱子后学努力考究经典已如上述，而陆子的门生则只努力于明本心。陆子门人中最著名的是袁燮与杨简二人。

袁燮，四明人，号絜斋，初入大学学习，后来师事象山，传其学问。据说絜斋初见象山时，象山即指其本心而使之洞彻贯通，所以他决定师事之，但絜斋亦常语人云，“人心与天地为一本，精思以得之，兢业以守之，则与天地相似”，可知絜斋学问的中心无疑在于明陆子的本心。

杨简，慈溪人，因号慈湖。乾道五年他为富阳主簿时，象山来富阳，两人相见时，因象山一直倡“本心”二字，遂问何谓“本心”，象山回答说：“君今日裁扇讼决是非，其心即本心。”据说慈湖忽然大悟，成为其弟子。他有种种的著述，在《己易》一书中，他主张天地与自己一体：

> 《易》者，己也，非有他也。以《易》为书，不以《易》为己，不可也。以《易》为天地之变化，不以《易》为己之变化，不可也。天地，我之天地；变化，我之变化，非他物也。私者裂之，私者自小也。

他进而说：

> 循吾本心以往，则能飞能潜……能尽通天下之故，仕止久速，一合其宜，周旋曲折，各当其可，非勤劳而为之也，吾心中自有如是十百千万散殊之正义也。

说明所谓与天地为一体的己，即指吾之本心。他又著《绝四记》一文说，人心自明自灵，意、必、固、我起则丧其明，故非绝此四者不可。四者之中意先起，其次必、固、我生，故第一须不起意。此处的“意”和上引《己易》中的“私”是同一个意思，即为考量利害时意欲的妄动，通过绝意便能明心。可知杨简也是思索陆子所谓“明本心”之事。不过，陆子的“明本心”是指修养的第一步在明本心,非指修养的全部。所以陆子门人袁燮主张为明本心而须“精思思之”，但同时也说“兢守守之”，主张守的必要，可是杨简仅倡导明本心，把它视作修养的全部，多少有使陆学跛脚之感。所以同门的袁燮也就讽谏说:“象山既殁之后而自得之学始大兴于慈湖。……虽然,慈湖之学,慈湖所自得也。学之者当改过迁善日进不已,不必一一蹑其迹。”（袁燮《书赠傅正夫》）其后，如孙奇逢更以杨简歪曲陆学，甚至将之不归于陆门诸弟子。(《理学宗传》卷十七）

如前所述，朱子论儒释之不同而斥释氏的唯心论，象山则倡心即理说，从唯理论转向唯心论而接近释氏。至于其门下杨简，则近于禅家所谈，遂使后代陆学学者堕入专重静坐的狂禅。这较之朱子学派渐渐成为章句之学，是有意思的对照。

南宋一代，朱陆之学互相对峙，但无论怎么看仍是朱学占优，但降至元代，二者因走向而出现折中倾向。吴澄与郑玉就是这个时代的代表吧。

吴澄（1249—1333），字幼清，号草庐。他初从程若庸治朱子学，后倾向陆子。若庸出自饶鲁门下，而饶鲁的老师是学习朱子门下黄榦的学者，因此他继承了朱子四传之学，又强烈尊信陆子，采取了折中的态度。他说：

> 朱、陆二师之为教，一也。而二家庸劣之门人，各立标榜，互相诋訾，至于今，学者犹惑。呜呼甚矣，道之无传而人之易惑难晓也！（《宋元学案》九十二《草庐精语》）

又说：

> 朱子于道问学之功居多，而陆子以尊德性为主。问学不本于德性，则其弊必偏于语言训释之末，故学必以德性为本，庶几得之。（同上《本传》）

由此可见其志向一斑。他在《象山先生语录序》中这样赞叹象山：

> 道在天地间，古今如一，人人同得，智愚贤不肖丰啬焉，能反之于身，则知天之与我者，我固有之，不为外求也，扩而充之，不待增益也。先生（象山）之教人盖以是，岂不至简至易而切实哉！（《草庐文选》二）

后世遂以此断之为传陆氏学者，但他又有《五经纂言》之作，明显绍述朱子经学而成一家之言。

他的《易纂言》，斥魏晋以来传本而据朱子本并加以订正;《书纂言》引吴才老及朱子之说，将其分为伏生今文尚书与梅赜的增补篇，疑后者非前汉时代之文;《诗纂言》据朱子之意删《诗序》，只注诗文本身;《春秋纂言》基于朱子之意以《左氏》为主，但以《公》《谷》二传订正《春秋》之义。对于《礼》，他认为朱子之《经传通解》为未定稿，严格区分经、传、记之不同，并加以注释。总而言之，他的《五经纂言》全都出自朱注，并加上自身之创意，是当代稀见的名著。他在《易纂言》中说:“吾于《易》书，用功至久，下语尤精，其象例皆自得于心。”于《书纂言》中云:“(澄)断断然不敢信此二十五篇之为古《书》,则是非之心不可得而昧也。”于《春秋纂言》中云:“一取之义。”综合起来看，可知草庐有非常明晰的观察力，确信自己心里有着昭然灵知的本心。这样的天分让他完成富有独创之见的著作，也让他在治朱子学的同时对陆子之本心说共鸣吧。他的《书纂言》开后代考据家阎若璩之先河，有裨于区别今古文的现代性研究，其折中久相对峙的朱陆之学也是值得特笔的功绩。

郑玉，自子美，号师山。他幼年敏悟，长而攻究《六经》，尤长于《春秋》。其生年不详，至元十七年(1357)明兵入徽州时被拘而自缢于狱中，可知比吴澄稍晚。师山最初学于吴暾、洪震老、夏溥，而这三人都是夏希贤的门人，夏又是杨简的高弟杨钱时之弟子，所以郑玉是陆子五传的弟子。可是，我们在文集中看到他称赞朱子为集群贤之大成者，谓今人心驰千里之外，徒弄空言，有负朱子。由是可知他自陆学进入而吸收朱子学。他又说：

> 陆子之质高明，故好简易；朱子之质笃实，故好邃密。盖各因其质之所近而为学，故所入之途有不同尔。及其至也，三纲五常，仁义道德，岂有不同者哉？朱子之说，教人为学之常也；陆子之说，才高独得之妙也。二家之学，亦各不能无弊焉。陆氏之学，其流弊也，如释子之谈空说妙，至于卤莽灭裂，而不能尽夫致知之功；朱氏之学，其流弊也，如俗儒之寻行数墨，至于颓惰萎靡，而无以收其力行之效。然岂二先生立言垂教之罪者？盖后之学者之流弊云尔。（《宋元学案》九十四《送葛子熙序》）

可知他洞察当时朱陆二派之弊而各取其长。换言之，他可以说是从陆子之学出发而折中朱子之学。不过他说过下面的话，以为朱学更胜于陆学：

> 近时学者，未知本领所在，先立异同，宗朱则毁陆，党陆则非朱。此等皆是学术风俗之坏，殊非好气象也。……陆子静高明不及明道，慎密不及晦庵，然其简易光明之说亦非始无见之言也。……但其教尽是略下工夫，而无先后之序，而其所见，又不免有知者过之之失，故以之自修虽有余，而学之者有弊。学者自当学朱子之学，然亦不必谤象山也。(《学案》九十四)

总之，吴澄与郑玉是元代的代表性学者，前者发自朱子而倾向陆子，后者则以陆子趋向朱子，前者注重陆子而后者偏重朱子，但二者的折中态度是相同的。这种折中的态度是元儒的特色，但同时也是朱学全盛时代已成过去，陆学开始抬头，进入下个时代阳明学说兴起的曙光。

第二十九章

明学——陈白沙与王阳明

明太祖起身布衣而定天下，但于干戈扰攘之时亦到处招揽耆儒，令其讲论道德治术。及天下已定，选拔官员的考试以经义为主，因此文教大盛而学者辈出。然当时学者大抵皆奉宋学，尚未能独具一帜。永乐十二年胡广等受命选《四书大全》《五经大全》时，皆据朱子之注或其后学之注而加以疏释。这种工程虽说传布有明一代教育学术之盛，可谓后世儒林楷模，然其成果不外据前儒疏释而加些许雕琢。如《四书大全》取自元人倪士毅之辑释，《春秋大全》抄袭元人汪克宽之《胡传纂疏》,《诗经大全》是加工元人刘瑾之《诗传通释》(顾炎武《日知录》十八)。由此就可知，明初儒学继述朱子之学而无独创之见。及至英宗，吴与弼出，其门下出胡居仁、陈献章、娄谅，娄谅门下出王守仁，明代之学由陈献章、王守仁而初具特色并出现新的学说。《明史·儒林传》亦云：

> 原夫明初诸儒，皆朱子门人之支流余裔，师承有自，矩矱秩然。曹端、胡居仁笃践履，谨绳墨，守儒先之正传，无敢改错。学术之分，则自陈献章、王守仁始。宗献章者曰江门之学，孤行独诣，其传不远。宗守仁者曰姚江之学，别立宗旨，显与朱子背驰，门徒遍天下，流传逾百年。其教大行，其弊滋甚。嘉、隆而后，笃信程朱，不迁异说者，无复几人矣。

这一节简洁说明此间变化。所以我们略言陈献章、王守仁，作为明代思想家之代表。

陈献章的老师吴与弼（1391—1469），字子傅，号康斋，抚州崇仁人，夙奉程朱之学，耕稼之余教育诸生。其门人极多，尤著者为胡居仁、娄谅及陈献章三人。其中胡居仁墨守康斋之学，陈献章、娄谅新开一派，似乎与胡居仁不合。陈献章（1428—1500）是新会白沙里人，号白沙、石斋，初学于吴康斋，后居乡里成一家之间，开创所谓江门之学。他自述其径如下：

> 仆才不逮人，年二十七，始发愤从吴聘君学……然

> 未知入处。比归白沙，杜门不出，专求所以用力之方……而卒未有得……于是舍彼之繁，求吾之约，惟在静坐。久之，然后见吾此心之体，隐然呈露，常若有物。……于是涣然自信曰:“作圣之功，其在兹乎！”有学于仆者，辄教之静坐。(《明儒学案》)

据此可见，他最初从吴康斋而学程朱之学，其后静坐内察而悟吾心之体，由是遂教学者静坐。读他的文章，时时见他引用周子、二程子、朱子而成说，可知他是从程朱学入手。如下所言，可知他的静坐法也渊源自程朱之学：

> 伊川先生每见人静坐，便叹其善学。此一静字，自濂溪先生主静发源，后来程门诸公递相传授……晦翁恐人差入禅去，故少说静，只说敬。

可是他所得的结果却近于陆子所谓悟吾心之体。“人与天地同体，四时以行，百物以生”，“君子之一心万理完具，事物虽多，莫非在我”，诸如此类的话与陆子所见无二致。所以我们可以说他从程朱学一转，而接近陆子的观点。

他的同门胡居仁（号敬斋）评其静坐法说：“周子有主静之说，学者遂专意静坐，多流于禅。”又认为他所悟者为“释氏见性之说”(《明儒学案》二《胡敬斋》)。对此白沙这样辩解:“佛氏教人曰‘静坐’,吾亦曰‘静坐’。曰‘惺惺’,吾亦曰‘惺惺’。调息近于数息,定力有似禅定,所谓‘流于禅学’者,非此类欤?”“禅家语,初看亦甚可喜,然实是笼统,与吾儒似同而异,毫厘间便分霄壤。”(《明儒学案》五《陈白沙》)但平心而论,据此可知他无疑有学禅家的地方。或许他为了挽救明初儒学的沉滞而自程朱之学——不如说是周程之学——出发,参考禅学而加以新意,结果成了近陆学的一种学派。其门下以张东所、湛甘泉为首,弟子众多,白沙故乡在广东新会北部的江门,这一学派就被称作江门之学。

娄谅(1422—1491),字克贞,号一斋。他是广信上饶人,据说学于吴康斋,但遗书不传,不知其学说详细。不过据其同学胡敬斋合评陈白沙与他,可知他未袭踏师门之说而别具见地:

> 娄克贞说他非陆子之比,陆子不穷理,他却肯穷理。公甫(白沙)不读书,他勤读书。以愚观之,他亦不是穷理,他读书,只是将圣贤言语来护己见,未尝虚心求圣贤指意,舍己以从之也。(《明儒学案》二)

但白沙只重静坐,一斋也重读书,这是他们的不同。值得我们特别提出的是其门下出了王阳明。

王阳明，名守仁，字伯安，浙江余姚人，生于明宪宗成化八年（1472），殁于世宗嘉靖八年（1529），年五十七岁。其著作有《朱子晚年定论》一卷，集其诗文者有《文录》五卷、《别录》十卷、《外集》七卷、《续编》六卷，集其师弟论学之语者有《传习录》三卷。这些书最初皆为单行本，后合《年谱》五卷、《世德记》二卷，而为《王文成公全书》出版。据阳明门人钱德洪《刻文录序说》，阳明之学凡三变，其教亦三变。所谓学之三变，指阳明前半生修养之变迁：少时耽于辞章，后出入佛老，三十五岁谪居龙场，乃翻然改意归儒。所谓教之三变，指他归儒后之变迁：三十七至四十二岁力说知行合一、四十二三岁至五十左右切说静坐、五十以后致力于致良知说。这三项是阳明道德说的时代变化，但其哲学为心即理说，始终贯彻于其中。

所谓心即理说，在《传习录》中有“诸君要识得我立言宗旨。我如今说个心即理是如何”（《全书》三），有“（心）虚灵不昧，众理具而万事出，心外无理，心外无事”（《全书》一），有“夫物理不外于吾心，外吾心而求物理，无物理矣”（《全书》二）等，即认为宇宙之理只在吾心之判断的范畴。他为《象山文集》所作序言时说：“圣人之学，心学也。尧、舜、禹之相授受曰：‘人心惟危，道心惟微，惟精惟一，允执厥中。’此心学之源也。

中也者，道心之谓也；道心精一之谓仁，所谓中也。孔孟之学务求仁，盖精一之传也。……至宋周、程二子，始复追寻孔、颜之宗……自是而后，有象山陆氏，虽其纯粹和平若不逮于二子，而简易直截，真有以接孟子之传其议论开阖，时有异者，乃其气质意见之殊，而要其学之必求诸心。"（《全书》七《文录》四）由此清楚知其心即理说是继承陆象山之说。换言之，阳明继承了陆象山的唯心论式宇宙观，宣扬心即理的哲学，并倡导知行合一说、静坐法以及致良知说的修养方式作为这一哲学的基础。

第一的知行合一说，如《传习录》所云"知是行的主意，行是知的功夫"（《全书》一），"知者行之始，行者知之成。圣学只是一个功夫，知行不可分作两事"（同上），"知之真切笃实处即是行，行之明觉精察处即是知，知行功夫本不可离。真知即所以为行，不行不足以谓之知"（《全集》二），即知、行是同一个心的作用的两面。这个知行合一说，想必是融合问学而致知的朱子修养法，与尊德行重实行的陆子修养法而新创立的道德学说，阳明借此打破世人将知与行视作两物，只慎行而轻视克服恶念的妄见，主张在念头萌起之际就消灭恶念。但学习者动辄错误理解阳明的精神，始终讨论知行是一还是二这种无聊细节而终老。因此，阳明进而倡导实践性的静坐。

第二的静坐法，是当思虑萌起之际就去人欲、存天理的手段，是与知行合一说同一个目的之下倡导的，但学习者又忘掉其目的，出现只喜静厌动尚枯槁的弊端。于是阳明再转而主张致良知说。

第三的致良知说，是阳明晚年所倡导的实践道德论，基于心即理之哲学。所谓“致良知”，是以孟子的“良知”释《大学》的“致知”。孟子以为良知乃是非之心，阳明则云“吾心之良知，即所谓天理也”（《全书》二），又云“心之本体，即天理也。天理之昭明灵觉，所谓良知也”（《全书》五）。由此可见，我们的心先天具有天理（即道德之范畴），因此而明确直觉是非善恶的作用就是良知。因此阳明也说：“知善知恶是良知。”（《全书》三）于是，致良知就是把心判别是非善恶、明昭灵觉之作用，也即良知推而至极，使其充分发挥机能。不过，致良知不是用抽象的空论就可以做到，而要确实的实行方法。因而，阳明倡导“格物”，作为致良知的实施方法。阳明认为，格物的“物”是“事”的意思，详言之就是“意念发动之事”的意思；“格”是“正”之意，是纠正不正而使归于正的意思，纠正不正也就是去恶，归于正即为善，因此所谓格物，就是对于意念发动的一件件事情，要避去知道是恶的地方，成就直觉为善的地方。要推极吾人之良知，使之发挥完全机能，则须意念发动之时就扬善而弃恶。《大学》所说“致知在格物”就是这意思。每事每事都正而行之,即不歪曲地实行良知所直觉之处后,这也就是所谓诚意的方式。由格物致知以至诚意,由诚意而正心,而后修身齐家治国平天下是《大学》之教的顺序,其最根本者为格物致知,而依照上文所说那样的解释致知格物,主张道德之根本原则在穷极吾心之良知,便是阳明的致良知说。这个致良知说和朱子的格物致知论都是基于《大学》“致知在格物”句的实践道德学说,然二者之解释极其不同。朱子以知为主观的心之作用,以物为客观事物,主张穷极客观事物之理始能充实主观之知;阳明自然也以知为主观的之作用,但以物也为主观意念发动的事,主张格物为致良知的实行方法。二者的差异是朱子认为心与理乃对立之二物,阳明则以为心即理,心之良知判断善恶是非的条例之外别无他理。由此可知,阳明的致良知说是基于他的心即理哲学而主张的实践方法。

近世心理学者分析心之作用,多将其分成知、情、意三要素。阳明也说:“心一而已,以其全体恻怛而言谓之仁,以其得宜而言谓之义,以其条理而言谓之理。”(《全书》二《答顾东桥书》)恻怛即情之意,得其宜(义)之作用即为意,分别条理之作用即为知,可知阳明亦晓得知、情、意这三要素。以分别条理的心之作用为主,主张心、理合一,便是他的心即理说。他如此承认知、情、意三面,但认为情潜藏于判断条理的知之作用之下，将情、知两方面综括而称作良知。他说："良知只是个是非之心，是非只是个好恶。"（《全书》三）又说："盖良知只是一个天理，自然明觉发见处，只是一个真诚恻怛，便是他的本体。"（《全书》二）可知他认为好恶之情、恻怛之情在判断是非、分别条理之下运作。以好恶恻怛之情为根基而判断的心之作用，就叫作良知。但所谓良知亦不仅在于分别判断，还在于行为。所以他又说："心之虚明灵觉，即所谓本然之良知也。其虚灵明觉之良知应感而动者谓之意，有知而后有意，无知则无意矣。"（《全书》二《传集录》中《答顾东桥书》）又说："意是行之始。"在此他比较情、知的作用良知，与由意而来的行，更进一步地说："必有欲行之心，然后知路。欲行之心即是意，即是行之始矣。路歧之险夷，必待身亲履历而后知，岂有不待身亲履历而已先知路歧之险夷者邪？"（同上）他主张意也即行未必都是在知之后而起，得出结论说："知之真切笃实处便是行，行之明觉精察处便是知。真知即所以为行，不行不足谓之知。"（《全书》二）这就是他的知行合一说。既然条理是良知之判断，行又是良知之真切笃实处，则人类的精神活动只是期待良知之完成。在这种见解下解释《大学》的"致知"就是他的致良知说。因此，致良知说是阳明学说最终结论。所以他说："圣人之学，惟是致此良知而已。……是故，致良知之外无学矣。"（《全书》八）要之，阳明受陆象山的唯心论式观点启发而力说心即理，接着折中朱、陆的道德学说而倡导知行合一，以心即理的哲学为径，以知行合一说为纬，遂创立了致良知之道德说。

总而言之，阳明学问的要领在如下三项:一、知行合一说，二、心即理说，三、致良知说。心即理说是其哲学学说，知行合一与致良知则是实践道德学说。一般人将阳明与陆子放在一起，并称为陆王之学，二者之间既有一致亦有不同。两人同样倡导心即理说是其相同点，但引《大学》“物格而后知至”句及孟子“始条理者，智之事也。终条理者，圣之事也”，主张先知后行说，而阳明则认为知乃行之知，主张先行后知。这就是他们的相异点。简言之，陆王之学在哲学上同轨，但在实践道德说上背驰。

而拿朱子与阳明相比，前者说理气，后者唱唯心说，表明二者的哲学不同。在实践道德学说上，二者同基于《大学》，但释义各不相同。

如上所述，朱子作《大学章句》，正旧本之错乱而补残缺，分之为经、传并加以精微注解，但阳明则以朱子之改订为非，刊行古本《大学》并作序云“旧本析而圣人之意亡”，称“去分章而复旧本……庶几复见圣人之心，而求之者有其要”（《全书》七），又作《大学问》一篇反驳朱子的见解，高唱致良知说。因此朱子与阳明不论在哲学学说上，还是在实践道德说上，都是完全相反的。今《大学问》收刻于《全集》第二十六卷中，据其前后注记的钱德洪之言，阳明每见初谒之士，都示以《大学》《中庸》首章，借此指示圣学之全功。这一篇是阳明四十六岁征伐思、田二州之际，嘱咐钱德洪的最后教导，是王门之教典。由是思之，朱子学与阳明学的不同在于如何解释《大学》。近世儒学的发展,在于离五经之正义,表彰《学》《庸》《论》《孟》四书，由此阐明孔、曾、思、孟之道统。在彰显《四书》方面，首倡者韩愈特别看重《孟子》，及周子二程子时代则最看重《中庸》及与之密接相关的《易经》，朱子以后《四书》并立但中心转移到《大学》。《大学》的解释是朱王二学的分歧点。

阳明之学与朱子学既已如此背反，当时朱学尚占优势，则阳明为了说明自己的主张并非与朱子学说不同，乃著《朱子晚年定论》一书。该书选取朱子《文集》中与己说相合的三十五篇文章，并在最后加上吴澄的一篇文章，想由此证明朱子晚年亦改变其早年支离之说而与己说一致。大概阳明此书是从元之赵汸与明之程敏政的“朱陆早异晚同说”得到灵感，并加以修正吧。不过此书所收朱子书简中也有其中年以前的作品，所以不一定算作晚年之说。因此当时罗钦顺（号整庵）寄书阳明，指正其年代错误，其后陈建（号晴澜）也作《学蔀通辩》立“朱陆早同晚异说”以攻击阳明，此书成为议论对象。这是将相异学说强纳于一轨，虽如阳明亦不免出此下策，但面对当时官方认可的朱子学而立新学，这种做法也是迫不得已之事吧。但阳明既殁，其弟子更发展师说，与朱子之学愈加背离。

阳明的学生很多，其著者有钱德洪、王畿、邹守益、欧阳德、聂豹、罗洪先、王艮等。钱、王二子设教浙江，邹、欧阳、聂、罗诸子设教江西，王艮设教江苏，努力宣扬，于是姚江之学弥漫江左。这些门人中特别值得注意的是钱德洪、王畿与王艮。

钱德洪，余姚人，号绪山。王畿，山阴人，号龙溪。虽同为阳明高足，然二人悟道稍有不同。《明史·儒林传》评此二人云："德洪彻悟不如畿，畿持循亦不如德洪，然畿竟入于禅，而德洪犹不失儒者矩矱。"可知德洪奉守阳明的师训而不乖，而王畿改阳明之教而使之近于禅。据说阳明晚年讨伐思、田之贼时，这两位弟子都侍在天泉桥上，各披沥所得以乞老师质正。其时德洪说下列四句，认为是师门教法：

> 无善无恶心之体，有善有恶意之动。知善知恶是良知，为善去恶是格物。

王畿认为那是阳明的权法，即方便说，自己认为下列四句才是：

> 体用显微，只是一机。心意知物，只是一事。若悟得心是无善无恶之心，则意知物俱是无善恶。

说完了后请阳明判断，阳明说自己平生教法在此二面，王畿的所谓四无说对上根人用，德洪所谓四有说对中根以下人用。但是世上上根人少，故四有说亦不能废。细心研究这个传说可知钱、王二人所悟之道实有大大的悬隔。大概钱德洪严守师说，教人就意念发动之处判断善恶，去恶就善，而王畿则以此为权法，倡导直接从本体上悟入的顿悟之学，因此由阳明之学更一步踏入禅道。《明史》记其遍历诸方而讲学云："善谈说，能动人，所至听者云集，每讲杂以禅机，亦不自讳也。"

王艮，泰州人，字汝止，被称作心斋先生，据云其门徒众多，与王畿的不分伯仲。不过王艮在师事阳明之前先具成见，未必完全继承师说。《明史》评之云："艮本狂士，往往驾师说上之，持论益高远，出入于二氏（释老）。"由此可见其一斑。王畿、王艮都是凌驾师说而加以新说者，黄宗羲的评语清楚展示这一点："阳明先生之学，有泰州、龙溪而风行天下，亦因泰州、龙溪而渐失其传。泰州、龙溪时时不满其师说，益启瞿云之秘而归之师，益跻阳明而为禅矣。”（《明儒学案》三十二）王艮门人有徐樾，樾之门人有颜均（号山农）、何心隐、罗汝芳，但颜均说：“性如明珠，原无尘染……平日只是率性所行，纯任自然，便渭之道……凡儒先见闻，道理格式，皆足以障道。”其弟子何心隐也主张：“有是理则实有是事，无声无臭，事藏于理，有象有形，理显于事。”又说：“孔、孟之言无欲，非濂溪之言无欲也。欲惟寡则心存，而心不能以无欲也。”（《明儒学案》三十二）比这些意见更进一步的，是李卓吾猖狂放肆的见解。李卓吾晚年为僧，著《藏书》《焚书》《卓吾大德》《观音问》等书，溺于佛教而贬孔子之家法，出入庵院，诓骗妇女，遂为有司所刑。（《日知录》十八）

徐樾的门人有赵贞吉（号大洲），（据李贽说）亦溺于禅教，力言禅决不碍人道。贞吉曾综括古今之书而为内外二篇，内篇名曰《经世通》，分史、业两部分，外篇叫作《出世通》，分说、宗二门。说门叙述经律论，宗门则记单传直指之宗，由此可见其醉心禅道之一斑。又，德清的蔡子木问道于贞吉时，他以七图相示并教之，这个七图大概学自禅家沩仰宗以图相示教旨的做法。（《明儒学案》三十三）

颜均弟子又有罗汝芳，号近溪，据说继承其学，但也是把阳明学说禅宗化的人，得其祖师禅道之精华。近溪门人中出杨起元，以为明德之本体人人皆同，所以自识其本体最为关键。

这也是以释氏之作用而解说王学。(《明儒学案》三十四)

由是可见，阳明之学自王畿、王艮以下已逐渐禅宗化，其极端则是出现了如李卓吾那样为放纵无耻之行的现象。王世贞云:“今之学者,偶有所窥,则欲尽废先儒之说驾其上。不学,则借一贯之言以文其陋；无行，则逃之性命之乡，以使人不能诘。”这清晰显示出当时的学风。

第三十章

清学之演变

及明亡而清兴，经术遂昌明一时，尤重程、朱之学。是以国初则有奉程、朱之学的顾炎武，祖述陆、王之黄宗羲，折中朱、王之孙奇峰等，其后占显要于朝廷之学者如汤文正斌、魏果敏象枢、李文贞光地、熊文端赐履、张清格伯行、朱文端轼、杨文定名时、蔡文勤世远、雷副宪铉、陈文恭宏谋等，大抵皆遵奉程、朱之学者，康熙五十二年（1713）敕李光地编纂《周易折中》，自是以后，雍正中敕纂《诗》《书》《春秋》之《传说汇纂》，降而至乾隆十三年（1748）作《三礼义疏》，经书注释，就逐渐完成。大概这些书都本自朱子传注而又折中诸家者，是以程、朱之学，当为清朝公许之学。

有明一代王学流行势压朱学，然既入清代，风气一变，而朱子之学乃为当时的指导精神。

然而清朝学术之特色乃不在程、朱学派之活动而在始自明遗臣黄宗羲、顾炎武等的考证学之兴隆。

黄宗羲（1609—1695）字太冲，号梨洲，又号南雷，其学乃继自明末刘宗周（1578—1645，字起东，号念台，又号蕺山）。后者初学程、朱之学，后信王阳明，然恶龙溪末学，空论本体而流于禅，是以力言慎独之工夫，思由是以振兴王学。黄宗羲夙受其训乃以慎独为旨，重致用抱经世大策，志图恢复明朝，然其志不成，仅在学问上留下不朽的功绩。他讨厌明人那种尝语录之糟粕而为游说的方法，于是先穷六经，次读历史，欲得实际上可以活用的学问。本此怀抱他就整理明代学者的著述，撰《明儒学案》六十二卷，指摘龙溪后学之流弊，阐明阳明之精髓，怀着同样的希望，他又作《宋元学案》，然书未完成，人已死去，其子黄百家乃续成之，更经全谢山之整理，乃成今日所存之《宋元学案》一百卷。《明儒学案》与《宋元学案》，可谓为中国学术史或思想史之第一部著作，其裨益后学，良非浅鲜。万斯同就是出自他的门下，长于历史学，独著《明史稿》五百卷。斯同乡人全祖望谢山亦私淑黄宗羲，完成《宋元学案》，又著《经史问答》。总之，黄宗羲也是阳明学者，本阳明“六经皆史”的见地，而一切皆以历史眼光观察，由是他可以说是促进清代史学发展的第一人。

他又有《易学象数论》之著而批判易图，其弟之子黄宗炎亦著《图书辩惑》，此二书可谓为后来胡渭的《易图明辨》之滥觞。

顾炎武（1613—1682），字宁人，号亭林，昆山人，明代学风驰于空疏，无视六经，多谈空义，亭林疾之，乃精读古典，跋涉天下，实地征之，考古按今，以求永世断案，遗作有《日知录》三十卷及其他各书。他本是尊重程、朱之学的，是以排斥王阳明，又轻视宋、明语录，而重六经，以为经学即理学，经学之外别立理学乃是错见云。（《亭林文集》下《学指南序》及全谢山《亭林先生神道表》引顾氏之言）他以为要研究经学一定要博集证据，始能得精当之判断，是以慕其学风者皆以考证攻究经书，其后学考证家踵出，为清学别开生面。

顾炎武后辈就是阎若璩。阎（1636—1704）字百诗，太原人，据传顾炎武游太原时曾会见过他，在炎武所作的《广韵》初版中，校刊者人名中有“受业阎若璩”（《汉学师承记》卷一）之名，则他恐怕曾就学于顾氏之门吧。他是个非常勤学的人，毕生尽心研究《尚书》，二十四岁时读《尚书》，疑心其中的二十五篇乃后人伪作，为了证明这点怀疑，乃罗列一百二十八条理由，而著《古文尚书疏证》八卷。而与他同时的程定祚著《晚书订伪》，少后则惠栋（1697—1785）著《古文尚书考》，赞同阎氏之意，自是以来，所谓《书经》之一半，乃东晋人所伪作的见解，已成学界定评。虽黄宗羲门下毛奇龄曾作《尚书冤词》反对阎氏意见，然亦不能动摇已成定评之舆论。更后则惠栋门下，出江声与王鸣盛二人，前者著《尚书音疏》，后者作《尚书后案》，引用了很多后汉学者马融与郑玄的注释，由是以阐明千余年来付之等闲的汉代之经说。所以后人称他们所研究的经学为汉学，原来是针对宋之经学而言的。在被断定为东晋人伪作的二十五篇中，如宋、明儒者藉之为论心性的典据的《大禹谟》篇也在其中。抹杀了它，就差不多动摇了程、朱学说的基础，同时由江、王诸家所搜集的汉人之经注与程、朱之解释亦有很大的出入，这也是足以削弱人们对程、朱的信仰。

胡渭是与阎若璩同时的学者（1633—1714），字朏明，德清人，长地理学，曾参编纂《大清一经志》，著《易图明辨》十卷，辨明河图、洛书与《易》并无关系。这种意见黄宗羲的《易学象数论》及黄宗炎之《图书辨惑》都已说过，故不能称为他的创见，不过也可以说到了他才把这问题更详细地研究了吧。如此从《易》里面排除了河图、洛书，那就等于从根本上打碎了朱子《周易本义》及《易学启蒙》的见解，同时也就是摇动了朱学的基础了。

下而至康熙、乾隆之间，安徽婺源，有江永出（1681—1762）。婺源乃朱子故乡，江氏尊崇其乡先贤之学而修朱子学，修正朱子《仪礼经传通解》作《礼书纲目》八十八卷，又为《近思录》作集注，而于数学、音韵学造诣尤深。戴震就是他的学生。段玉裁、王念孙皆出自震之门下，自是以《说文》《尔雅》为基础的训诂音韵之学也就大兴。这些学问的发达，常常证明宋、明学者之经义并不成立，而亦动摇程、朱学说之基础。其中戴震更从《孟子》搜集所谓道、理、性、情、才、心之用例，归纳地加以考证，比对《孟子》与宋、明经学之说明，乃知宋、明学者之集注与原义乃大有出入，所给予程、朱学说的打击更为重大。

这样的各方面的研究，都使宋学陷于不利，其结果使程、朱学者与清代学者间生出感情的悬隔，于是考证学者就高揭汉学之旗，而对峙于宋学，受学于惠栋的江潘所著之《汉学师承记》里面就常常有这种意思。

这样一来，汉学与宋学的冲突遂到了最激烈的程度，宋学派中亦有强者出而奋然报以一失。桐城派方东树所著之《汉学商兑》，正可谓为应战之始。所谓桐城派者，就是指本以安徽桐城为根据地之宋学派，其源出自方苞（号望溪，1668—1749）。方望溪长经学、文学，且为被命为编纂《三礼义疏》之学者，其弟子有刘大櫆者善古文。大櫆门人为姚鼐，继先人之遗绪，大兴所谓桐城派之古文学派。姚鼐（1731—1815），字姬传，号惜抱轩，文学家而兼通经学，也是兼义理、考据、诗词于一身的人，常谓不兼是三者则不得为当世之儒者云。

姚氏对当时汉学颇不满，云："今之士大夫之所谓汉学者，只是考证一事。考证固不可废，然亦安得与宋大儒之所得者并论哉？世之君子以该博取名者，遂不经闽、洛，是当今之大患，是亦衣冠中之邪教。"其门人方东树比他更进一步，简直对汉学采取攻势。他摘录汉学非难宋学者之言，一一加以驳论，且骂曰："历观近世汉学者之言，其宗旨不出训诂小学名物制度，而圣人之躬行求仁、修齐治平之教，皆被抹杀，名曰治经实为乱经，名曰卫道实为叛道。"这可以说是宋学对汉学的正面进攻了，然平心而论，方东树之骂言亦未免失之过激，所以其后桐城派骁将曾国藩（1811—1872）于《圣哲画像记》主张调停之说："朱子表彰周子、二程子、张子，以上承孔、孟之传，后世君相师儒笃守其说而不易。乾隆中，鸿儒辈起，训诂博辨，度越昔贤，别立微志，号曰汉学，摈有宋五子之术，以为不得独尊。而笃信五子者，亦摒弃汉学，以为破碎害道，断断焉不得已，谓观吾五子之立言，其大者多合洙泗，何可议耶！其训释诸经不当者，固可以近世经说辅翼之，又何可摒弃萃言以自隘哉！"然曾氏如是理想，亦未成就。直至清末陈澧（1810—1882）始稍能实行其理想。他作《汉儒通义》及《东塾读书记》，取汉学长处亦取朱学之优点。他以为汉儒也有理，与宋学初无二致，而汉学之考证实亦发源于朱子。与他同时的还有九江朱次琦（1808—1882），仿江藩之《汉学师承记》作《国朝儒宗》，视汉、宋学为一体而作学案，是亦可谓曾氏理想具体化之一端。其门人简朝亮之《论语集注述疏》，则一方本于朱注更以近世研究而订正其说，一方还加以注疏。这也可说是部分地实现了曾氏的理想了吧。由是可见，嘉庆、道光以后，以汉学订正朱学的倾向已多少发生了。

方东树弟子苏淳元在《汉学商兑》的开头说，是书一出而汉学之气焰渐息，但这恐是门户之见，此种程度攻击并不能使汉学突然安静。汉学其后逐渐下跌，但并非由于方东树之攻击，恐怕还是源自汉学本身的弱点。平心而论，汉学者多少阐明了古代经说，这是他们的伟大功绩，可是这些经说是曾经湮灭的残余，不及昔日十分之一。试观江声和王鸣盛的《尚书注》，以马融之见补郑玄之说犹未足，甚至以王肃及《伪孔传》补缀，则它也是不完全的。胡渭的《易图明辨》将《易》与河图洛书分离是不错的，可是以汉注释《易》部分则比之王弼、伊川之解释更充迷信。这种经说已经被时代淘汰，不能寻见新的指导精神。因此，汉学者虽破坏宋学，然亦不能建立指导新时代的精神，这正是汉学的一大弱点。

陷入此状态中的汉学，到了嘉庆、道光之间始转换其方向。所谓转换方向即是指公羊学的勃兴。乾嘉的汉学者皆阐明东汉之学，但感觉此方向穷途无路的学者更溯而上之，研究《公羊春秋》以阐明西汉之学。此派首倡者为武进庄存与，其子庄述祖继之，述祖又传之其子绶甲与门人刘逢禄、宋翔凤二人，刘门出魏源、龚自珍、凌曙，宋门出戴望。魏源、戴望既出，乃将限于常州地方之公羊学推广至湖南、岭广一带。其后湖南王闿运出，高唱公羊之学，王氏之门出廖平，廖平则影响了南海的康有为。综括这些公羊学者的学说，其目的不外在于第一，倡明西汉之今古学以示和东汉古文学之不同。第二思以《公羊春秋》之道明示孔子之微言大义。第一点以廖平的《今古学考》及康有为的《新学伪经考》为代表。前者主要以制度分今古，合《王制》者为今文，合《周礼》者为古文。后者以《史纪》《汉书》之记载分今古，但其创见不只在分今古，更在主张所有古文经典皆为刘歆伪造，只有今文是真书。不过更客观地说，段玉裁《尚书撰异》，皮锡瑞《今文尚书考证》，徐养源《仪礼古今文异同疏证》《周官故书考》，陈乔枞《三家诗遗说考》这类著作的观点更为近理吧。第二种见解以为孔子之精神在于五经，其中《春秋》是关键，《左氏》《公羊》《谷梁》乃解释《春秋》者，其中又只有《公羊》始能传圣人之志。研究《公羊》就可把握其精神，本此精神始能了解所有经传。然而该学派的公羊论本于何休之《解诂》，而何休是否傅述《公羊》精神实属疑问。至于廖平、康有为等，则似乎多以主观空想托于《公羊》，非正当看待孔子之观点。刘、宋、魏、龚等的研究仍值得重视，但其末流之说多难令人首肯。因之，这一派也没有找到新的指导精神。

总括而言之，则清朝之初以朱学为立国之本，其后考证学大兴，朱学基础遂以动摇。朱子学者多以新研究成果以补足其旧说，然是目的亦终不可达。公羊派取而代之，然亦终归失败，而不能得何等的精神。是以清代思想界之末路殊为惨澹，然其考证之精致处，实可谓为空前绝后。由是考证，吾人乃能使已趋湮没之汉代精神复活于今日，又因文字声韵研究之进步，乃得读先秦以上之真书。此其功绩，实为伟大。我们观之所以能上溯思想变迁之迹，自清末以至周朝，得其助者良多。因之，我们从清朝学者所能学取的仅仅是他们的研究方法，至于思想内容则可特为称述者可说没有。我们可以说中国近代期的思想，朱子与阳明可算是代表的，而自是以后差不多是陷于停滞状态中了。

文献解说

一 通论性著作

1 《中国哲学史》，松本文三郎，早稻田大学出版社

2 《中国哲学史》，高濑武次郎，文成堂，明治四十三年

3 《中国哲学史》，宇野哲人，大同馆，大正三年

4 《中国思想史》，拙著（岩波全书）

5 《中国哲学史大纲》卷上，胡适，民国八年（北京大学丛书）

6 《中国哲学史》，冯玉兰，商务印书馆，民国二十三年

7 《中国理学史》，贾丰臻，商务印书馆，民国二十三年

8 Alfred Forke, *Geschichte der alten chinesischen Philosophie*, 1927

——, *Geschichte der mittelalterlichen chinesischen Philosophie*, 1934.

——, *Geschichte der neueren chinesischen Philosophie*, 1938.

（1）是日本首部此类著作，虽多少有不足之处，但启迪之处仍很多。（2）和（3）叙述简单平明，适合初学者入门。（4）

即本书。此类书还有两三种，但不适合随身携带。（5）是中国最早的哲学史，是富有创见的佳作，可惜只出了上卷而缺失中、下两卷。（6）是完备且评价最高的名著。（7）是《中国文化丛书》第一辑，“理学”即哲学之意。（8）是欧美最具代表性的中国哲学史作品。如果想从事中国思想史或哲学史研究，应该选择上述一两部作品仔细阅读，然后再上溯资料，更深入地研究。而在此之前，我们应该知道中国的历史概略。

9　《中国通史》5卷，那珂通世编，中央堂。

10　《中国史概说》2册，和田清，1950、1951年（岩波全书）

关于中国历史的概述甚多，但我更喜欢那珂氏这部通史。此书在明治二十一年至二十三年以木刻本刊行，光绪二十五年在中国重刊，最近和田博士的现代译本收入岩波文库，所以很容易得到。《中国史概说》两册是河田博士的近作，概括了新的研究，是最方便的著作。

11　二十四史

《史记》《汉书》《后汉书》《三国志》《晋书》《宋书》《南齐书》《梁书》《陈书》《魏书》《北齐书》《周书》《隋书》《南史》《北史》《旧唐书》《新唐书》《旧五代史》《新五代史》《宋史》《辽史》《金史》《元史》《明史》统称为“二十四史”。我们不可能读完这部3243卷的庞大文献，但必要时一定要参照其中著名学者的传记和《儒林传》。

12　《史姓韵编》24卷，汪辉祖辑

此书是便利的检索工具书。

13　《史记会注考证》，泷川龟太郎

14 《汉书补注》，清，王先谦

15 《后汉书集解》，清，王先谦

二十四史中《史记》《汉书》《后汉书》并称“三史”，自古就被研究，上述三书汇集并评论前人之研究，非常有用。

16 《读史方舆纪要》130 卷，清，顾祖禹

如要通历史，同时也必定要了解地理。清初学者顾祖禹自 29 岁至 50 岁，费 22 年之功撰成此书，以正史考订过去的地理志。本书是“清初三大奇书”之一的名著。

17 《历代地理志韵编今释》20 卷，清，李兆洛编

查找历代《地理志》中所见地名在今何处时，本书是最方便的地名索引。以此书检索地名，并查顾祖禹之书，大体不会出现错误。

18 《四库全书总目提要》200 卷

本书是乾隆年间编纂《四库全书》时所收书籍的提要，分为存书和存目两部分。存书是第一等之书，被抄写收入《四库全书》之中，存目是二等之书，只留下提要，未收入《四库全书》中。这些提要皆精妙，研究中国文献必以此书为津梁。本书原版由武英殿刻印，后于扬州、广州重印，最近也出版了石印本和西式装订版。

19 《四库未收书目提要》5 卷，清，阮元

本书是清儒阮元对《四库全书》编撰完成后新发现之 175 部图书所作的题解，原书收入《揅经室外集》，后来有石印本。

20 《四库简明目录》20 卷

《总目提要》存书部分的简略版，阅读《提要》之前可先借此

书通览。本书可用谢氏刊本，近来也有数个石印本。扫叶山房所出石印本也附上了上述《未收书目提要》。

21 《四库简明目录标注》20 卷，清，邵懿辰，宣统三年

作者在《简明目录》版面之外批注自己所见诸本的异同优劣，后整理出版。据此书可知应选何种版本。

22 《郘亭知见传本书目》16 卷，清，莫友芝

此书虽为莫友芝之作，但内容大体本于上述各书，再加上莫氏的增补。此书初版由东京文求堂刊行，后有上海西泠印社的活字本、扫叶山房的石印本，容易入手。

23 《书目问答》4 卷

此书以光绪年间张之洞之名出版，是讲书籍选择、读书方针的著作，但实际上是清末目录学者缪荃孙的作品。最近也出了增补版，但旧版也十分有用

二 经学相关著作

24 《十三经注疏》416 卷附《校勘记》

中国古典作品的代表归“十三经”。所谓十三经，是《周易》《尚书》《毛诗》《周礼》《仪礼》《礼记》《春秋左氏传》《公羊传》《谷梁传》《孝经》《论语》《孟子》《尔雅》十三种，合刻这些经书的代表性注、疏就是“十三经注疏”。此书有多种版本，但最方便、最可靠的是嘉庆年间阮元校刻版。同治年间重刻，近来也有数个石印本。

25 《通志堂经解》1786 卷

《十三经注疏》大体是唐代以前的经学代表品，而这套书是宋明学者的经注集，最早由徐乾学着手，称《传是楼经解》，后由纳兰成德完成，称《通志堂经解》，是非常庞大的丛书。

26 《御纂七经》284 卷

康熙、雍正年间命编《御纂四经》，至乾隆朝《三礼义疏》成，总称《御纂七经》。《四经》中，《易》以《程传本义》，书以《蔡传》，诗以《朱注》，《春秋》以《胡氏传》为中心收录集说，《三礼》虽未以特定注为主，但其材料皆以《通志堂经解》为本。换言之，《御纂七经》可看作《通志堂经解》的整理本，是宋元经解之浓缩。

27 《清经解》1400 卷，清，阮元编，道光九年

28 《清经解续编》1315 卷，清，王先谦编

上述两书是清朝经学的代表著作。（24）到（28）这五部丛书是经学之渊薮，要通晓它们并非易事。对于初学之士，《易》可以由《程传》溯至王弼；《书》可以择要阅读阎氏的《古文疏证》（《续经解》），知今古文之别；今文可读刘逢禄的《今古文集解》（《续经解》），古文可读惠栋的《古文尚书考》，考取伪古文材料之处；《诗》用马瑞辰的《传笺通释》读《毛传郑笺》；《礼》读朱彬的《礼训纂》；《春秋》以息轩的《左传辑释》入手；《论语》读潘维城的《古注集笺》；《孟子》自息轩的《定本》（汉文大系本）读起。

29 《经义述闻》，清，王引之

30 《群经平议》，清，俞樾

以上两书是阅读所有经部图书必须参考的著作，前者收入《清经解》，后者收入《经解续编》。

31 《经学历史》，清，皮锡瑞

32 《经学通论》，同上

以上两书是了解经学全貌的优秀指南。两书皆可用光绪年间思贤书局版，此外，前者有小岛氏标点本（弘文堂），也有周予同的详注本（商务印书馆学生国学丛书）。后者有涵芬楼影印本。

三 诸子相关著作

33 《百子全书》，湖北崇文书局本

在汇集子部之书方面，应该首举本书吧。所收版本虽然不是什么善本，但胜在收集许多子部书籍。原本光绪年间刊行，另有民国四年扫叶山房石印本。

34 《二十二子全书》，浙江书局本

收录子部书籍中主要的二十二种，校订精善，可作为标准文本。

35 老子　宇佐美灊水的《王注老子》、太田晴轩的《老子全解》

36 庄子　景宋本（《续古逸丛书之二）、郭庆藩的《集释》、马叙伦的《庄子义证》

37 列子　以四部丛刊的景北宋本与前田家尊经阁的景南宋本对校、王重民的《列子校释》（西苑丛书）

38 管子 《四部丛刊》景宋本、戴望的《管子校正》

39 墨子　孙诒让的《墨子闲诂》

40 荀子　王先谦的《集解》，梁启雄的《柬释》、久保爱的《增注》

41 韩非子　太田方的《翼毳》（汉文大系本）

42 吕氏春秋　李保泠的《补正》

43 淮南子　刘家立的《集证》

子部之书仅靠（33）和（34），会有很多难懂之处，因此应参照上述注释书籍。

44 《读书杂志》，清，王念孙

45 《诸子平议》，清，俞樾

46 《札迻》，清，孙诒让

以上三书在研究先秦诸子时一定要参考。

47 《诸子概说》，拙著，弘文堂

对初学者会有一些帮助吧。末尾附《史记六国年表订误》。

48 《先秦诸子系年》，民国，钱穆

本书修正《史记·六国表》，论定诸子之年代。该书序言中说，从民国十二年开始，历数年方成，可知作者之劳作。有志于研究诸子者的必读之作。

49 《群书治要》的诸子部。

50 《意林》，唐，马总撰；清，周广业注

51 《玉函山房辑佚书》诸子部，清，马国翰辑

52 《全上古三代秦汉三国六朝文》，清，严可均辑

上列四书中有许多诸子佚文。研究先秦史诸子时必须参考。

四 佛教相关著作

53 《中国佛教史纲》，境野哲，森江书店，明治四十年

54　《中国佛教史》，宇井伯寿，昭和十一年（岩波全书）

55　《中国佛教史》，塚本善隆，昭和十五年（《中国地理历史大系》第 11 卷）

56　《中国佛教史研究北魏篇》，塚本善隆，弘文堂，昭和十七年

在中国思想史的第二个发展阶段，许多思想与佛教有关。中国佛教史的著述很多，我所见的是上述四种。（53）是中国佛教史的先驱境野氏的著述，他后来又写了《中国佛教史讲话》和《中国佛教精史》补正本书，不过我受本书启发已经很多。（54）是宇井博士的著作，凝聚了广泛而深刻的研究。（55）作为《中国地理历史大系》第 11 卷《中国宗教史》的一册起草，在与中国思想的关系上做了非常简明生动的阐述。（56）虽仅研究北魏佛教，但它证明前书的简明描述基于这种深入的研究。

57　《大藏经》

被称作“大藏经”或“一切经”的丛书有几种，《昭和新修大藏经正续篇》最为完备，尽收了佛教相关的汉文文献。因此，研究中国佛教，寻找问题比寻找材料更重要。

58　《出三岁记集》15 卷，梁，僧佑

59　《历代三宝记》15 卷，隋，费长房

60　《开元释教录》20 卷，唐，智升

中国佛教最初的事业是经典的传译，研究这一工作的成绩，可以通过比较上述三种书籍所收经录而知其详细面貌。

61　《阅藏知津》，明，智旭

比较这些译出的经文梗概及不同译本之间的关系，可以从上

述著作中了解。

62 《高僧传》13 卷，梁，惠皎

63 《续高僧传》30 卷，唐，道宣

64 《宋高僧传》30 卷，宋，赞宁

接下来，研究、弘扬这些经文的著名僧人的事迹，可以由上列书籍中知道。

65 《僧传排印》108 卷，尧恕辑（大日本佛教全书）

检索这些僧人传记，利用上书很方便。

66 《三国佛法传通缘起》3 卷，凝然

67 《八宗纲要》2 卷，凝然

许多学者努力整理、研究这些文本，自然形成了不同的教派、创造独特的学说。了解这些派别的更改，可以阅读以上两书。或者至少也应该阅读以下几种书：

68 《三论玄义》1 卷，隋，吉藏

69 《天台四教仪》1 卷，高丽，谛观

70 《成唯识论》10 卷，唐，玄奘

71 《五教章》4 卷，唐，法藏

理解三论、天台、唯实、华严的学说梗概，对理解后起的宋学也不无益处。

72 《禅宗史研究》3 册，宇井伯寿，昭和十四、十六、十八，岩波书店

唐宋之际禅宗的繁盛也不能等闲视之。关于此，上述书籍是最好的指南。最后我推荐下列著作：

73　《禅源诸诠集都序》1 卷，唐，宗密撰，宇井伯寿译注（岩波文库）

此书本是收集禅林学匠诗偈之书的总序，但正文不传，只剩下序言部分。各版本内容有出入，但宇井博士的译注本校订严密，注释详实。我们借由此书可以一窥宗密的教禅一致说，同时也能知道其对宋学的影响之处。

五　道教相关著作

74　《魏书 · 释老志》

75　《隋书 · 经籍志 · 佛道录》

以上两篇是正史所记佛道的沿革，必须要参考。

76　《弘明集》14 卷，梁，僧祐

77　《广弘明集》14 卷，唐，道宣

78　《集古今佛道论衡》4 卷，唐，道宣

79　《续集古今佛道论衡》1 卷，唐，智升

80　《破邪论》2 卷，唐，法琳

81　《辩正论》8 卷，唐，法琳

82　《甄正论》3 卷，唐，玄嶷

以上各书是《大藏经》中涉及佛道关系的资料，从中可得道教相关知识。

83　《抱朴子》内篇 20 卷、外篇 50 卷，晋，葛洪

晋代葛洪的著作，宣传神仙养生之术，特别是《遐览》所记道书目录，是当时道教相关的文献目录，值得参考。姚振宗

的《补三国艺文志》中有考证。

84 《云笈七籤》120 卷，宋，张君房

宋真宗朝，张君房受命整理秘阁中所存道教书籍，采其精要，著成此书。这是了解宋代道教书籍梗概的好材料。

85 《道藏目录详注》4 卷，明，白云霁

《明道藏》前些年由上海商务图书馆影印，但流入日本的不多，很难看到。本书是《明道藏》的提要，借此可知其大概。

86 《中国道教史》，民国，傅勤家（商务印书馆编刊《中国文化史丛书》之一）

87 《南宋初河北新道教考》，民国，陈垣（《辅仁大学丛书》第八）

以上两书，前者是道教通史，后者描述南宋时期全真教、大道教和太一这三个教派的状况，是中国道教研究的代表作。

88 《中国儒道佛交涉史》，久保田量远，昭和十八年，大东出版社

日本的道教研究，由已故的小柳、常盘二位博士开创，此后由年轻学者发扬光大。我只看过此书。

89 《道教思想》，幸田露伴，昭和十一年（岩波讲座东洋思潮）

上书是仅 42 页的小论，但富有启发。

六 宋明儒学相关著作

90 《宋史》中的《道学传》《儒林传》

《宋史》第 420 卷至第 438 卷收入宋代代表性学者的传记。

91 《宋元学案》100 卷，清，全祖望

此书记载宋元学者的传记及学说，讨论宋元之学首先要参考。东大中国哲文学研究室读经会所编《宋元学案人名索引》一册可供检索。

92 《正谊堂丛书》478 卷，清，张伯行编

收入宋元明儒者著述 63 种，研究宋学首先应该看本书与《学案》。不过，宋代大儒朱子的著述则必须要参照原本。

93 《四书集注》26 卷

一窥革新汉唐经说的朱子经学

94 《近思录》14 卷

可知扬弃北宋五子的朱子的哲学立场。一般用周公恕分类改编的版本，但朱子遗书本保留其原貌。注释可使用清代江永的《集解》。

95 《朱子大全集》120 卷

96 《朱子语录》140 卷

（95）是朱子的文集，（96）是回答学生提问的语录，均是研究朱子学的重要资料，但它们卷秩庞大，很难通读。初学之人可以从以下书籍入门：

97 《朱子年谱》4 卷、《考异》4 卷、《附录》2 卷，清，王懋竑纂订

王懋竑是清代朱子研究第一人，本书以年代顺序收入文集、语录的紧要部分。阅读此书还应并读《白田草堂存稿》。

98 《朱子研究》，秋月胤继，京文社，昭和二年

99 《儒家的目的和宋儒的活动》，诸桥辙次，大修馆，昭和四年

100 《两宋思想述评》，陈钟凡，商务印书馆

以上三种是日华近人的研究。

101 《明史 · 儒林传》

《明史》第 282 卷至 284 卷收录了明朝儒家学者的传记。

102 《明儒学案》62 卷，清，黄宗羲

载有明代儒者的传记和学说，可知明代学术之大势。

103 《王文成公全书》38 卷，浙江书局刊

《传习录》3 卷、《文录》5 卷、《别录》10 卷、《外集》7 卷、《续编》6 卷并附《年谱》等 7 卷。研究王阳明应先读《文录》，然后读《传习录》。

七 清朝学术相关著作

104 《国朝汉学师承记》8 卷、《宋学渊源记》2 卷，清，江藩

105 《国朝先正事略》60 卷，清，李元度

106 《清代朴学大师列传》，民国，支伟成，民国十四年，泰东图书局

以上三种清代学者传记，最后一种最便利。

107 《清代学术概论》，民国，梁启超

108 《中国近三百年学术史》，民国，钱穆

以上两书概括清代学术。

109 《日知录集释》32 卷，清，顾炎武著，黄汝成注

110 《曾文正公家训》2 卷，清，曾国藩

111 《观堂集林》20卷，清，王国维

以上三种是清代学者著述中的白眉，启发之处众多。研究中国应熟读玩味之书。

附记：受岩波编辑部的建议而附加文献解说，但实际做这项工作方知很难处理广泛的文献。何况我数年前闭居田舍，不易寻得新的文献。因此我从过眼的著作中，选择推荐大家一定要看的著作并试加提要。请谅解解说中漏选许多名论大作。